Derek Prince
BIBLISCHE PROPHETIE UND DER NAHE OSTEN

Derek Prince

Biblische Prophetie und der Nahe Osten

Leuchter-Verlag eG · Erzhausen

Titel der Originalausgabe: THE LAST WORD ON THE MIDDLE EAST

Übersetzung: KH. Neumann
Umschlaggestaltung: Dieter Illgen, Hannover

4. Auflage Oktober 1994

© 1982 by Chosen Books, Lincoln, Virginia
© der deutschen Ausgabe 1982 by Leuchter-Verlag eG

ISBN 3-87482-098-X

Gesamtherstellung:
Schönbach-Druck GmbH, 6106 Erzhausen bei Darmstadt

Inhalt

Vorwort

Seit dem Ende des 2. Weltkriegs hat sich das Hauptinteresse der Weltpolitik immer mehr auf den Nahen und Mittleren Osten gerichtet. Unsere Massenmedien widmen den Ereignissen dort mehr Aufmerksamkeit als irgendeinem anderen Teil unserer Erde. Dies allerdings auch mit gutem Grund, denn hier konzentrieren sich die Probleme und Konflikte, die immer wieder zu weltweiten Spannungen führen und — vielleicht — über Nacht einen 3. Weltkrieg ausbrechen lassen.

Zwei Hauptgründe haben dazu beigetragen, daß der Nahe und Mittlere Osten so wichtig geworden sind: *Öl* und *Israel*. Fast alle hochentwickelten Staaten dieser Erde und auch die meisten Länder der sogenannten Dritten Welt sind mehr oder weniger auf laufende Öleinfuhren aus den arabischen Ländern angewiesen. Dadurch ist das Öl zu einer internationalen politischen Waffe geworden. Durch diesen Ölbedarf der meisten Länder ist den arabischen Staaten eine politische Bedeutung und ein internationaler Einfluß zugewachsen, den sie sonst nie erreicht hätten.

Doch noch wichtiger als die großen Ölvorräte im Nahen Osten ist das Entstehen Israels als selbständiger Staat in diesem Gebiet. Dieser kleine Staat ist von seiner Geburt an immer wieder angefeindet und bekämpft worden. Doch er hat mit seiner Existenz und seinem Wachstum alle Experten überrascht und hat das politische und militärische Gleichgewicht im Nahen Osten radikal verändert. Wenn jemand die Geschehnisse im Nahen Osten wirklich richtig einschätzen will, muß er zuerst die einmalige Rolle erkennen, die Israel in den vergangenen Jahrzehnten dort gespielt hat und weiterhin spielt.

In diesem Buch möchte ich den Leser mit den Tatsachen und Überlegungen bekannt machen, die meiner Meinung nach der

Schlüssel für das Verständnis der Rolle Israels im heutigen Weltgeschehen sind und die deshalb auch einen klaren Ausblick auf die Ereignisse bieten, die im Nahen Osten und der ganzen Welt noch vor sich gehen werden. Der große Einblick, den ich in die Geschehnisse in Israel und im ganzen Nahen Osten bekam, ist mir nicht durch meinen eigenen Wunsch zugewachsen. Während des 2. Weltkriegs war ich mit der britischen Armee fünf Jahre in Ägypten, Lybien, dem Sudan und endlich in Palästina. Anschließend habe ich noch zwei Jahre als Zivilist in Palästina gewohnt. Während all dieser Jahre habe ich die verwirrenden Ereignisse, welche diese Weltregion total umgestalteten, miterlebt.

Seit jener Zeit habe ich die Verbindung zu den Menschen und Ereignissen in Israel und den umliegenden Ländern nie wieder abreißen lassen. Ich verbringe schon seit längerer Zeit jeweils die Hälfte des Jahres in Jerusalem und habe kürzlich erst den Bau eines Hauses dort vollendet.

Derek Prince

Teil I

Historische Perspektiven

1. Kapitel

Wo Historie und Prophetie sich begegnen

Es war eine schöne Aprilnacht im Jahre 1946. Ich stand auf dem Höhenzug, der den Berg Skopus im Norden mit dem Ölberg im Süden verbindet. Vor mir, in westlicher Richtung, glitzerte die goldene Kuppel des Felsendoms und die silberne Kuppel der Al-Akhsar-Moschee im Mondlicht. Hinter ihnen und um sie herum schien die alte Stadt Jerusalem mit ihren mächtigen Mauern und Türmen und den vielen, so verschiedenen Dächern friedlich zu schlafen und auf den ersten Morgenruf des moslemischen Muezzin vom Turm der Moschee her zu warten. Doch ich wußte, daß dieser friedliche Eindruck trügerisch war. Unter der Oberfläche waren Kräfte am Werk, durch die es unausweichlich zum Ausbruch von Gewalt und Blutvergießen kommen mußte.

Hinter mir erhob sich das große und mit einem viereckigen Turm bestückte Gebäude des Augusta-Viktoria-Hospizes. Es war ursprünglich als Hospiz für Pilger aus Europa gebaut worden. Doch während des 2. Weltkriegs hatte die britische Armee es beschlagnahmt und benutzte es als Lazarett. Hier hatte ich die letzte Zeit meines Dienstes als medizinischer Assistent hinter mich gebracht und stand nun kurz vor meiner Entlassung aus der britischen Armee.

Ich stand vor einem neuen Abschnitt meines Lebens. Kürzlich erst hatte ich Lydia Christensen geheiratet. Sie war eine Schullehrerin aus Dänemark, und ich hatte sie hier in Jerusalem kennengelernt. Lydia war die „Mutter" eines kleinen Kinderheims in Ramallah, einer arabischen Stadt, die etwas mehr als 15 Kilometer nördlich von Jerusalem lag. Durch unsere Heirat war ich zum „Vater" der acht Mädchen dieses Heims geworden, die zwischen vier und achtzehn Jahren

11

alt waren. Sechs der Mädchen waren jüdischer, eines arabischer und das jüngste englischer Abstammung. Da Lydia und ich beabsichtigten, weiter in Ramallah zu wohnen, hatte ich meine Entlassung aus der britischen Armee beantragt.

Während ich von dem Bergrücken aus die Schönheit Jerusalems im Mondlicht betrachtete, fragte ich mich: ,,Was liegt wohl vor uns?'' Dabei dachte ich nicht nur an Lydia, mich und unsere acht Mädchen, sondern an alle Bewohner dieses Landes mit ihrer einmaligen Vielfalt an Rassen, Kulturen und Religionen. Die Zukunft dieses Teils der Welt befand sich in einem riesigen Schmelztiegel. Es waren ganz verschiedene rassische und politische Gruppen, die den Besitz von Grund und Boden und die Herrschaft über das Land beanspruchten. Ihre Ansichten und Ziele waren so verschieden, daß es keine Möglichkeit zu geben schien, sie miteinander zu versöhnen. Die britische Regierung hatte eine Reihe von Lösungen als Ausweg aus dieser Sackgasse vorgeschlagen. Doch Vorschläge, die der einen Gruppe jeweils annehmbar erschienen, wurden von den anderen rundweg abgelehnt. Gab es da noch andere Möglichkeiten, von denen man eine Lösung der Probleme erwarten konnte? Ich war zu der Überzeugung gekommen, daß es eine solche Möglichkeit gab.

Ich war nun schon fast sechs Jahre bei der Armee. Während dieser Zeit hatte ich sehr eifrig die Bibel studiert. Während dreier langweiliger Jahre in den sandigen Weiten Nordafrikas war meine Bibel mir ein beständiger Begleiter und eine unfehlbare Quelle des Trostes und der Kraft gewesen. Während dieser Zeit hatte ich ein volles Jahr mit einer Hautkrankheit im Lazarett zubringen müssen. Es gab in unserer Situation keine Medikamente, mit der diese Krankheit zu heilen gewesen wäre. Endlich erlangte ich meine Gesundheit dadurch wieder, daß ich es wagte, alle weitere medizinische Behandlung abzulehnen und einfach den klaren Verheißungen der Bibel für leibliche Heilung zu vertrauen. In dieser und in vielen anderen Lagen erlebte ich zu meiner größten Befriedigung, daß die Lehren der Bibel, wenn man im Glauben danach handelt, immer noch genauso wirksam und lebendig sind wie in jenen Tagen, in denen sie geschrieben wurden.

Im Jahre 1944 allerdings, als die Armee mich nach Palästina versetzte, wurde ich mit den biblischen Wahrheiten in einer ganz neuen Weise konfrontiert. Bis dahin war es mit vielen biblischen Berichten für mich so, als wären sie in einem neutralen Raum geschrieben worden. Von ganzem Herzen ergriff ich die geistlichen Wahrheiten, die sie enthielten, doch sie waren für mich getrennt von allen Zusammenhängen in bestimmten Zeiten und an bestimmten Orten. Jetzt sah ich viele der biblischen Berichte in ihrer geographischen Umgebung ganz neu. Mir wurde klar, daß die Ereignisse der Bibel sich in einem Gebiet abspielten, dessen Zentralachse das Mittelmeer ist, mit Italien oder bestenfalls Spanien als westliche und Persien als östliche Begrenzung. Und die meisten dieser Ereignisse geschahen auf einem noch viel kleineren Gebiet, etwa von der Größe Hessens, das unter dem Namen ,,das Land Kanaan'', das ,,Land Israels'', ,,Palästina'' und das ,,Heilige Land'' bekannt ist.

(Zur Zeit der Patriarchen kannte man dieses Gebiet als ,,Land Kanaan''. Später, nach der Eroberung durch die Israeliten unter Josua, wurde es das ,,Land Israels''. Dieser Name wird auch im Neuen Testament noch gebraucht [Matthäus 2, 20], obwohl es zu jener Zeit eine Provinz des Römischen Reiches war. Der Name ,,Palästina'' bedeutet ,,Land der Philister''. Er wurde zuerst von den Griechen, danach von den Römern und anschließend von den meisten weiteren heidnischen Herrschern, einschließlich der Briten benützt. Der Begriff das ,,Heilige Land'' wurde von den Christen etwa vom 5. Jahrhundert an gebraucht. Nach Beendigung der britischen Mandatsregierung im Jahre 1948 kam das Land an zwei Staaten. Aus einem Teil wurde der Staat Israel, und der andere Teil kam zum Königreich Jordanien.)

Als ich mir die biblischen Berichte in diesem geographischen Zusammenhang betrachtete, wurden sie für mich auf eine ganz neue Weise lebendig. Ein bezeichnendes Beispiel war da unter anderen der Ort, an dem ich jetzt gerade stand. In Sacharja 14, 4 und 8 wird dieser Ort beschrieben, an dem der Herr auf die Erde zurückkommen wird:

,,Er wird an jenem Tage mit den Füßen auf den Ölberg treten, der vor Jerusalem gegen Osten liegt; und der Ölberg wird sich in der Mitte nach Osten und nach Westen hin zu einer überaus großen Schlucht spalten, so daß die eine Hälfte des Berges nach Norden, die andere Hälfte nach Süden zurückweicht'' (V. 4).

,,Da wird dann an jenem Tage lebendiges (= fließendes) Wasser von Jerusalem ausgehen, zur Hälfte nach dem östlichen Meer und zur Hälfte nach dem westlichen Meer; im Sommer wie im Winter wird es so sein'' (V. 8).

Es brauchte keine große Fantasie, um mir vorzustellen, was hier beschrieben wurde. Während der letzten Jahre hatte ich genau an dem Ort gelebt, wo das Erdbeben stattfinden würde. Ich wußte, daß vor etwa 20 Jahren der Turm des Augusta-Viktoria-Hospizes durch einen Erdstoß gerissen war, weshalb man ihn seitdem nicht mehr besteigen durfte. So war also durch diese Ereignisse bestätigt, daß hier Erdbebengebiet war.

Außerdem hatte man bei geologischen Untersuchungen nach Westen hin, quer durch das Kidrontal, Anzeichen für große unterirdische Wasserreservoirs unter Jerusalem festgestellt. Auch dies bestätigte also die Voraussagen des Propheten. So genau paßten Sacharjas Worte zu der Szene vor mir, daß ich fast sehen konnte, wie das Wasser nach dem Erdbeben in der Tempelgegend aus der Erde brach und durch das ost-westliche Tal, welches dadurch entstand, in meine Richtung floß — gerade da hindurch, wo jetzt meine Füße waren.

Dies ließ mich an eine andere Bibelstelle aus Hesekiel 47, 1—12, denken, wo der Prophet ebenfalls Wasser beschreibt, das von Jerusalem nach Osten zum Toten Meer fließt:

,,Als er mich hierauf an den Eingang des Tempelhauses zurückgeführt hatte, sah ich Wasser unter der Schwelle des Tempels hervorfließen nach Osten hin — die Vorderseite des Tempels lag ja nach Osten zu — . . . Als er mich dann durch das Nordtor hinausgeführt und mich auf dem Wege draußen zu dem äußeren, nach Osten gerichteten Tor hatte herumgehen lassen, sah ich dort Wasser von der südlichen Seitenwand herrieseln. Indem dann der Mann mit einer Meßschnur in der Hand nach Osten zu weiterging und nach Abmessung von tausend Ellen mich durch das Wasser gehen ließ, ging mir das Wasser bis an die Knöchel; als er dann nochmals tausend Ellen abgemessen hatte und mich hindurchgehen hieß, ging mir das Wasser bis an die Knie; als er hierauf nochmals tausend Ellen abgemessen hatte und mich hindurchgehen hieß, ging mir das Wasser bis an die Hüften; und nach nochmaliger Abmessung von tausend Ellen war es ein Fluß geworden, den man nicht mehr durchschreiten konnte; denn das Wasser war so tief geworden, daß man es hätte durchschwimmen müssen" (V. 1—5).

,,Da sagte er zu mir: »Dieses Gewässer fließt in den östlichen Bezirk hinaus, strömt dann in die Jordanebene hinab und mündet in das (Tote) Meer; und wo es sich dort hinein ergießt, da wird das Salzwasser des Meeres gesund. Und alle lebenden Wesen, alles, was dort wimmelt, wird, wohin immer der Fluß kommt, Leben gewinnen" (V. 8 und 9).

„An dem Fluß aber werden an seinem Ufer auf beiden Seiten allerlei Bäume mit eßbaren Früchten wachsen, deren Laub nicht verwelken und deren Früchte nicht ausgehen. Alle Monate werden sie reife Früchte tragen; denn das Wasser, an dem sie stehen, fließt aus dem Heiligtum hervor; daher werden ihre Früchte zur Nahrung dienen und ihre Blätter zu Heilzwecken" (V. 12).

Mit diesem Bild vor Augen wandte ich mich um und ging die wenigen hundert Meter bis zum östlichen Abhang des Berges. In der Ferne konnte man einen Schimmer des im Mondschein glänzenden Toten Meeres sehen. Davor breiteten sich die dürren Hügel der Wüste Juda aus, die Hesekiel hier die „Arabah" nennt. Wohl kaum ein anderes Gebiet der Erde brauchte diese wunderwirkende Umwandlung, die Hesekiel in dem Gesicht vom lebendigen Wasser sah, mehr, als dieses öde Land.

Als ich später in jener Nacht in meinem Bett lag, dachte ich noch eine ganze Weile über meine Erfahrungen und Eindrücke der letzten beiden Jahre nach. So, wie ich in dieser Zeit mit dem Land der Bibel bekannt geworden war, hatte ich auch das Volk kennengelernt, dessen Geschichte einen zentralen Platz in der Bibel einnimmt. Ich hatte erkannt, daß hier Geographie und Historie ineinander übergehen. Ich wunderte mich darüber, daß ich diese Tatsache früher beim Bibellesen immer übersehen hatte. Doch als ich es erkannte, wurden mir viele Dinge ganz neu groß und klar.

Die ersten elf Kapitel der Bibel sind eine große Einleitung. Sie füllen sozusagen den Hintergrund aus und bilden die Bühne für das Folgende. Von da an beschäftigt sich das Alte Testament hauptsächlich mit der Geschichte Abrahams und der Nation, die durch Isaak und Jakob dann entstand — also mit Israel.

Ehe wir näher auf das Thema eingehen, sollten wir kurz die Begriffe „Israel" und „Israelit" in ihrer Beziehung zu den Wörtern „Jude" und „jüdisch" klären. Sprachlich kommt das Wort „Jude" direkt von „Juda", also einem der zwölf Stämme Israels. In diesem Sinne ist zwar jeder Jude ein Israelit, aber nicht jeder Israelit ein Jude. Im Laufe der Zeit wurde dann das Wort „Jude" auch für solche Menschen verwendet, die nicht zum Stamme Juda gehörten. Von der babylonischen Gefangenschaft an nannte man alle Israeliten, die in das Land Israel zurückkehrten, gewöhnlich „Juden", ganz gleich, welchem Stamm Israels ihre Vorfahren angehört hatten. Dieser Gebrauch des Wortes ist auch im Neuen Testament zu finden. Wir sehen dies zum Beispiel an Paulus, der zwar vom Stamme Benjamin war, sich selbst aber einen „Juden" nennt (Apostelgeschichte 21, 39). Im heutigen Gebrauch sind allerdings diese vier Wörter nicht voll auswechselbar. „Israel" und „Israeli" wollen heute hauptsächlich auf die Staatszugehörigkeit und den nationalen Ursprung hinweisen, während „Jude" und „jüdisch" mehr die Religion und die Geschichte der vergangenen Jahrhunderte meinen. Das Wort „Israeli", das heute hauptsächlich gebraucht wird und erst seit der Geburt des Staates Israel im Jahre 1948 benutzt wird, will besagen, daß es sich um einen Bürger des Staates Israel handelt. Es kann auch für die nichtjüdischen Staatsbürger Israels, wie zum Beispiel Araber oder Drusen, Verwendung finden.

Eine Besonderheit in der Geschichte Israels, wie sie in der Bibel wiedergegeben wird, ist, daß ein Teil davon nach den Ereignissen geschrieben wurde, wie es für Geschichte normal ist; doch der Rest wurde im voraus geschrieben; ist also nicht mehr Geschichte, sondern Prophetie. Die historischen und prophetischen Teile zusammengefaßt ergeben die komplette Geschichte des Volkes Israel. Große Teile der Geschichte werden dabei nur kurz gestreift, während auf andere wieder in vielen Einzelheiten eingegangen wird. Dies gilt auch für die prophetischen Teile der Bibel. Und obwohl die prophetischen Teile oft Jahrhunderte vor dem Eintritt der betreffenden Ereignisse geschrieben wurden, sind sie teilweise so genau und plastisch, daß man glauben könnte, hier berichtet ein Augenzeuge.

Bei meinem Studium der Bibel überraschte es mich nicht sehr, im Alten Testament die Geschichte Israels im Mittelpunkt zu sehen. Das Neue Testament hingegen konzentriert sich eindeutig auf Jesus, der dort die Hauptperson und das Zentrum ist. Nun war Jesus während Seines Erdenlebens eindeutig ein Israelit aus dem Stamme Juda. Doch das Neue Testament zeigt uns, und darüber staunte ich, als es mir bewußt wurde, daß Seine Zugehörigkeit zu dem Volke Israel keinesfalls mit Seinem Erdenleben endete. In Offenbarung 5, 5 zum Beispiel, einer Stelle, die mehr als 50 Jahre nach Jesu Tod und Auferstehung geschrieben wurde, wird Er „der Löwe aus dem Stamme Juda" und „die Wurzel Davids" genannt. Dies bezieht sich nicht nur auf Sein kurzes Erdenleben, sondern auch auf die Ewigkeit. Er bleibt für immer „der Löwe aus dem Stamme Juda" und wird für immer mit der Familie Davids, dem Stamme Juda und dem Volke Israel identifiziert.

Dann wandte ich meine Aufmerksamkeit den Menschen und den Berichten der vier Evangelien zu. In ihnen haben wir die historische

Basis für unseren christlichen Glauben. Wieder sprachen die Tatsachen für sich selbst. Außer einem kurzen Besuch Marias und Josephs mit dem kleinen Kind Jesus in Ägypten geschahen alle Ereignisse, die dort beschrieben werden, innerhalb der Grenzen des Landes Israel. Außerdem sind mehr als 90 Prozent der Menschen in den Evangelien Israeliten. Nur hier und da finden wir Ausnahmen, wie die Weisen aus dem Morgenlande, die Samariterin am Jakobsbrunnen, einige römische Beamte und Soldaten und etliche andere.

Dann machte ich mir Gedanken über die Autoren des Neuen Testaments. Sie waren wohl ebenfalls alle Israeliten. Fraglich ist dies allein bei Lukas, dem Autor des Lukas-Evangeliums und der Apostelgeschichte. Im allgemeinen nimmt man an, daß er heidnischen Ursprungs ist, sich aber zum Judentum bekehrt hatte. So kann man ihn also doch von dieser Seite her mit Israel identifizieren.

Es stimmt natürlich, daß nach Pfingsten das Evangelium in der ganzen Welt ausgebreitet wurde und große Scharen von Menschen aus anderen Völkern Jesus als ihren Erlöser und Herrn annahmen und zur Gemeinde Jesu hinzukamen. Doch ich mußte erkennen, daß die Menschen, die Gott als Werkzeuge gebrauchte, um mit dem Bau Seiner Gemeinde zu beginnen, israelitischen Ursprungs waren. Alle zwölf Apostel waren Juden. Paulus, der große Heidenapostel, war ein Israelit, und die meisten seiner Mitarbeiter ebenfalls. Selbst Timotheus, der von Geburt nur Halbjude war, wurde beschnitten (Apostelgeschichte 16, 1—3) und zählte somit zu den Juden.

Es blieben also noch die prophetischen Teile des Neuen Testaments, die genauer betrachtet werden mußten. Welches Bild war hier zu finden? Natürlich beschäftigten sie sich zunächst mit dem Schicksal der Gemeinde. Doch auch sie betonten mit Nachdruck die fortbestehende Bedeutung der einmaligen Rolle Israels. Hebräer 11, 10 sagt uns, daß das große Ziel aller wahrhaft Gläubigen „die Stadt ist, welche die festen Grundmauern hat, deren Erbauer und Werkmeister Gott ist". In Offenbarung 21 wird diese Stadt beschrieben. Auf ihre 12 Tore waren die Namen der Zwölf Stämme Israels geschrieben, und auf ihren Grundsteinen standen die Namen der 12 Apostel Jesu. Alle diese Namen, die auf dem neuen Jerusalem angeschrieben sind, sind israelitische Namen. Sicher wird niemandem, der antisemitische Vorurteile hat, dies gefallen.

EXIL UND RÜCKKEHR

Angesichts der aufgezählten Tatsachen muß man sich eigentlich verwundert fragen, warum sich das Judentum und das Neue Testament dann scheinbar so gegensätzlich, ja fast feindselig gegenüber stehen? Als ich über diese Frage nachdachte, erkannte ich, daß es gegen Ende des 1. Jahrhunderts nach Christus einen entscheidenden Bruch im Ablauf der Geschichte gegeben hat. In den Geschichtsbüchern wird über diese Tatsache kaum etwas gesagt. Zwei wichtige Punkte sind kennzeichnend für diesen Bruch: Erstens wurde das Volk Israel von seinem Heimatland getrennt; und zweitens wurden sie auch etwa um diese Zeit aus ihrer Rolle als führende Verkündiger des Evangeliums und Erbauer der christlichen Gemeinden verdrängt. Diese beiden Punkte bestimmten entscheidend den Platz der Juden in der Geschichte der nächsten 18 Jahrhunderte mit. Sie waren ein Volk von Fremdlingen geworden. Äußerlich hatte man sie aus dem Lande vertrieben, das ihrem Volk gehört hatte; und geistlich gesehen vertrieb man sie aus dem Christentum, also aus der Religion, die sie im Auftrag Jesu selbst mit gegründet hatten.

In den vergangenen beiden Jahren, als ich nun in Jerusalem war, hatte ich selbst miterlebt, wie der Heilungsprozeß im Blick auf den ersten dieser beiden Punkte begann — das Volk Israel kehrte zu seinem Land zurück. War dies vielleicht ein historisches Anzeichen dafür, daß nun irgendwann auch die Heilung des zweiten Bruches beginnen würde — des Bruches zwischen dem Volk Israel und der Kirche Jesu Christi? Gewiß, viele Leute glauben, dies sei undenkbar. Und doch hätten noch vor einem Jahrhundert ebenso viele behauptet, es sei undenkbar, daß Israel je wieder in den Besitz seines Landes käme. Mir wurde plötzlich klar, daß ich in der Mitte eines Landes und eines Volkes war, dessen gesamte Geschichte mit Ereignissen angefüllt ist, die den meisten Menschen als unvorstellbar gelten.

Mir fiel als Beispiel für das, was mit dem Volke Israel geschah, eine alte Standuhr aus Großvaters Zeiten ein. Seit vielen Jahren steht sie irgendwo in der Ecke; ihre Zeiger haben sich nicht mehr bewegt und sie hat nicht mehr geschlagen. Das Uhrwerk muß wohl restlos kaputt sein, ist die Überzeugung aller. Und dann, eines Tages, beginnt die Uhr, ohne daß eine menschliche Hand sie berührt hat, wieder zu ticken, die Zeiger bewegen sich wieder, und sie schlägt auch — und vor allem, sie zeigt genau die richtige Zeit an.

Dieses Beispiel schien mir sehr passend zu sein. Israel ist Gottes prophetische Uhr. Indem Er dem Volke Israel ihr Land zurückgab, hatte Er diese Uhr wieder in Bewegung gesetzt. Nach langen Jahrhunderten des Schweigens schlug sie wieder die Stunden und zeigte Gottes Zeit an. Und wenn ich die Botschaft dieser Uhrzeiger richtig begriff, so wollten sie sagen, daß wir uns dem Ende unseres Zeitalters näherten.

Meine Begegnung mit dem Volke Israel geschah zu einer Zeit, die eine der tragischsten und kritischsten in ihrer ganzen Geschichte war. Die unbeschreiblichen Schrecken der nazistischen Judenverfolgung hatten alle Juden in der Welt erschüttert, aber nirgends in einem solchen Maße wie im Land Israel selbst.

Trotz der Blockade durch die britische Armee und Marine floß unaufhörlich ein kleiner Strom jüdischer Überlebender aus der Verfolgungszeit auf verschiedenen Wegen nach Palästina. Sie kamen aus ganz Europa. Immer wieder hörte ich von diesen Flüchtlingen Berichte von den Leiden und Grausamkeiten, denen die Juden unter den Nazis ausgesetzt waren. Manchmal erlebte ich auch mit, wie Familienglieder, die auf verschiedenen Wegen entkommen waren, sich nun in ihrem eigenen Land wiederfanden.

Nachdem schon meine Begegnung mit Israels Geographie mir ein größeres Verständnis für die Bibel gegeben hatte, machte nun meine Begegnung mit der Geschichte Israels einen noch größeren Eindruck auf mich. Ich entdeckte in ungezählten Stellen fast im gesamten Alten Testament Voraussagen darüber, daß vor dem Ende dieses Zeitalters eine große Rückkehr der Juden aus der ganzen Welt in das Land Israel stattfinden würde. Und auch im Neuen Testament entdeckte ich eine ganze Reihe von Stellen, die darauf hinwiesen, das große Enddrama unseres Zeitalters würde im Lande Israel ausgelöst werden, und dieses Land würde im Zentrum desselben stehen.

Bis zu diesem Zeitpunkt hatte ich solche Bibelstellen meist in ein kommendes Zeitalter verschoben, doch nun begann ich auf einmal zu erkennen, daß sie vor meinen eigenen Augen in Erfüllung gingen. Mir fielen in manchen dieser Stellen bestimmte Einzelheiten auf, die erwähnt wurden, als wären die Schreiber selbst Augenzeugen gewesen. Viele Beispiele dafür fand ich im Propheten Jeremia. Eine Stelle in Jeremia 3, 14 und 18 wurde mir besonders lebendig:

,,»*Kehrt um, ihr abtrünnigen Söhne!*« *so lautet der Ausspruch des Herrn,* »*denn Ich habe Herrenrecht über euch und will euch holen, je einen aus jeder Ortschaft und je zwei aus jedem Geschlecht, und will euch nach Zion heimkehren lassen«"* (V. 14).

„In jenen Tagen wird das Haus Juda mit dem Hause Israel Hand in Hand gehen, und sie werden vereint aus dem Nordlande in das Land heimkehren, das ich euren Vätern zum Erbbesitz gegeben habe" (V. 18).

Die Betonung in diesem Abschnitt liegt auf der Rückkehr der Israeliten aus „dem Nordlande" in ein Land, das „euren Vätern zum Erbbesitz" gegeben war. Dieses „Erbbesitzland" ist ohne Zweifel das Land Israel. Ein „Nordland" könnte auf alle Länder zutreffen, die nördlich von Israel liegen. Dies würde Rußland, Polen, Deutschland und andere Länder im nördlichen und östlichen Europa und dem Balkan einschließen. Im Jahre 1946 kam genau aus diesen Ländern die große Mehrheit der jüdischen Flüchtlinge nach Israel.

Eine andere Einzelheit beeindruckte mich ebenfalls sehr. Jeremia sagte: „Je einen aus jeder Ortschaft und je zwei aus jedem Geschlecht." Dies paßte genau mit dem zusammen, was ich von den jüdischen Flüchtlingen hörte. Oft erzählten sie: „Ich bin der einzige von unserer Familie in Berlin, der überlebt hat, aber hier habe ich noch meinen Onkel von Hannover getroffen." In den einzelnen Berichten waren die Namen der Städte oder Länder verschieden. Es konnten auch Städte in Polen oder Österreich sein, statt in Deutschland. Auch waren natürlich die Verwandtschaftsverhältnisse unterschiedlich. Doch immer wieder klang das Entscheidende von Jeremias Prophezeiung an: „Einer aus einer Stadt, und zwei aus einer Familie."

Ich bin sicher, daß den jüdischen Flüchtlingen in den meisten Fällen gar nicht klar war, daß sie mit ihren Berichten die Worte ihres eigenen Propheten bestätigten, der dies 2500 Jahre vorher vorausgesagt hatte.

GOTT WACHT ÜBER SEIN WORT

Im Licht solch erstaunlicher Ereignisse begann ich die gesamte Geschichte in einem ganz neuen Blickwinkel zu sehen. Der Ablauf aller Ereignisse war nicht nur bestimmt durch das zufällige Spiel unvorhersehbarer Kräfte, seien sie politischer, militärischer oder ökonomischer Art, sondern dahinter stand eine göttliche Absicht, die in Seinem prophetischen Wort vorausgesagt war und sich immer mehr entfaltete. Nirgends schien mir diese Tatsache klarer illustriert zu sein, als in dem Ruf, den Jeremia in seinen prophetischen Dienst erhielt. Er berichtet darüber in Jeremia 1, 4—12:

„Es erging aber das Wort des Herrn an mich folgendermaßen: »Noch ehe Ich dich im Mutterschoße bildete, habe Ich dich erwählt, und ehe du das Licht der Welt erblicktest, habe Ich dich geweiht; zum Propheten für die Völker habe Ich dich bestimmt.« Da antwortete ich: »Ach, Herr, mein Gott, sieh doch, ich verstehe ja nicht zu reden, denn ich bin so jung.« Doch der Herr erwiderte mir: »Sage nicht, du seiest noch so jung; denn zu allen, wohin Ich dich senden werde, sollst du gehen, und alles, was Ich dir auftragen werde, sollst du reden. Fürchte dich nicht vor ihnen, denn Ich bin mit dir, um dich zu behüten!«, so lautet der Ausspruch des Herrn.

Hierauf streckte der Herr Seine Hand aus und berührte meinen Mund mit ihr; dann sagte der Herr: »Hiermit lege ich Meine Worte in deinen Mund. Wisse wohl, Ich bestelle dich heute über die Völker und über die Königreiche, um auszureißen und niederzureißen, zu vernichten und zu zerstören, um aufzubauen und zu pflanzen.«

Weiter erging das Wort des Herrn an mich folgendermaßen: »Was siehst du, Jeremia?« Ich antwortete: »Einen Zweig vom wachen Mandelbaum sehe ich.« Da sagte der Herr zu mir: »Du hast richtig gesehen. Ja, Ich wache über Meinem Wort, um es in Erfüllung gehen zu lassen.«"

In diesem Bericht gibt es große Gegensätze. Auf der einen Seite ist der gewaltige Auftrag Gottes: *„Ich bestelle dich über Völker und Königreiche, auszureißen, zu vernichten und zu zerstören, aufzubauen und zu pflanzen."* Auf der anderen Seite Jeremias Selbsteinschätzung: *„Ich verstehe nicht zu reden, ich bin so jung."* Außerdem war in Jeremias Leben und Auftrag scheinbar nicht viel von dieser Autorität Gottes zu sehen. Er wurde selbst von seinem eigenen Volk oft verachtet, abgelehnt und sogar mißhandelt und verfolgt, ja sogar zeitweise in ein Gefängnis gesperrt.

Worin lag dann Jeremias Autorität? Ich glaube, in der Einsetzung Jeremias durch Gott in den Prophetendienst. *„Hierauf streckte der Herr Seine Hand aus und berührte meinen Mund mit ihr; dann sagte der Herr: »Hiermit lege Ich Meine Worte in deinen Mund.«"* Die Autorität lag nicht in der Person Jeremias, sondern in Gottes Wort, das Er in Jeremias Mund legte. Diese Worte, von Jeremia prophetisch auf den Befehl Gottes hin ausgesprochen, bestimmten das Geschick aller Nationen und Königreiche, soweit sie von dieser

Prophetie betroffen waren. Die Völker und ihre Herrscher mochten Jeremia ablehnen; sie konnten aber seine prophetischen Worte und deren Erfüllung zur Zeit Gottes nicht verhindern.

Hätte die Autorität in der Person Jeremias gelegen, wäre ihre Wirksamkeit zeitlich sehr beschränkt gewesen. Jeremia starb zu der ihm von Gott bestimmten Zeit, genauso wie die Herrscher und Menschen seiner Zeit. Doch das prophetische Wort Gottes, das Jeremia gesprochen hatte, beeinflußt immer noch die Geschicke jener Völker. Vielfach wurden von späteren Generationen Jeremias Worte entweder überhört oder vergessen. Doch Gott vergaß sie nicht, sondern tat, was Er zu Jeremia gesagt hatte: ,,Ich wache über Meinem Wort, um es in Erfüllung gehen zu lassen.''

Die prophetischen Worte, die Gott durch Jeremia sprach, beschäftigten sich in erster Linie mit Seinem eigenen Volk Israel. Doch darüber hinaus sagte Jeremia auch manches über das Schicksal anderer Nationen voraus, eingeschlossen waren all die Völker, die in dem Gebiet zu Hause sind, das wir heute unter dem Begriff ,,Naher Osten'' kennen.

Außerdem versichert Gott dem Propheten nicht nur, daß Er über Sein Wort wachen will, sondern trifft auch besondere Vorkehrungen, damit die Prophezeiungen bewahrt bleiben bis die Zeit ihrer Erfüllung kommt. Deshalb sagt Er in Jeremia 30, 1—3:

,,Das Wort, das vom Herrn an Jeremia erging, lautete folgendermaßen: So spricht der Herr, der Gott Israels: »Schreibe dir alle Worte, die Ich zu Dir geredet habe, in ein Buch. Denn wisse wohl, es kommt die Zeit, da werde Ich das Geschick Meines Volkes Israel und Juda wenden« — so spricht der Herr — »und sie in das Land zurückführen, das Ich ihren Vätern gegeben habe; sie sollen es wieder in Besitz nehmen.«''

Klar deutet Gott hier über Jahrtausende hinweg in die Zukunft, wenn Sein Volk Israel wieder im verheißenen Lande gesammelt würde und wenn sie beginnen würden, die Worte dieser Prophezeiungen zu verstehen. Mich überkamen zugleich Ehrfurcht und Erregung, als mir klar wurde, daß ich das Vorrecht genoß, Augenzeuge der Erfüllung dieser Prophezeiungen des Propheten Jeremia zu sein.

Hier also fand sich die Antwort auf meine Frage: ,,Was liegt vor uns?'' Allein im Worte Gottes und den dort enthaltenen Prophezeiungen waren die rechten Antworten für das Geschick Israels und der anderen Nationen des Nahen Ostens zu finden.

Ehe ich endlich einschlief, wurde mir noch klar, daß ich noch nicht so weit war, diesen prophetischen Schlüssel an die Gegenwart und die Zukunft zu legen. Zuerst mußte ich versuchen, die Vergangenheit besser zu verstehen, dann würde ich die neu in der Weltgeschichte auftretenden Faktoren und die radikalen Veränderungen, die im Nahen Osten vor sich gingen, besser begreifen.

2. Kapitel

Der Traum,
der Wahrheit wurde

Meine Erfahrungen in Palästina hatten mir im Blick auf das 19. Jahrhundert ein ganz neues Blickfeld eröffnet. Ich begriff, daß ich hier einem der wichtigsten Stücke menschlicher Geschichte begegnete, mit dem ich bisher überhaupt nicht vertraut war. Das Schwergewicht meiner Geschichtsstudien lag bisher auf dem Feld der Klassik, also auf der Geschichte der griechischen und römischen Zivilisation etwa von der Zeit Homers bis zum Zerfall des Römischen Reiches.

Darüber hinaus hatte ich mich natürlich mit den wichtigsten Strömungen der europäischen Geschichte beschäftigt, hier wiederum ganz besonders mit der meines eigenen Vaterlandes Großbritannien. Mein Wissen um jüdische Geschichte hörte da auf, wo auch das Neue Testament endete. Von diesem Gesichtspunkt aus war zum Beispiel der Krieg zwischen Juden und Römern im Jahre 70 nach Christus, der mit der Zerstörung Jerusalems endete, nur ein nebensächliches Ereignis der römischen Geschichte. Doch von diesem Zeitpunkt an schien es, als hätten die Juden keinen Platz mehr in der menschlichen Geschichte.

Doch nun erkannte ich, daß die jüdische Geschichte etwa von 70 n. Chr. an einem Strom glich, dessen Verlauf durch ein Erdbeben beeinflußt worden war. Durch das Erdbeben hatte sich ein riesiger Erdspalt aufgetan, und der größte Teil des Wassers floß seitdem da hinein. Zwar floß der Strom noch, aber zum allergrößten Teil unterirdisch, so daß er nicht sichtbar wurde. Und sogar jene, die wußten, daß der Strom immer noch floß, kannten nicht die genaue Richtung, die er nahm.

Gegen Ende des 19. Jahrhunderts allerdings begann der Strom der jüdischen Geschichte langsam wieder an die Oberfläche der Weltgeschichte zu treten. Sein Wiedererscheinen macht seither einen immer stärker werdenden Eindruck auf alle Gebiete menschlichen Lebens — kulturell, wissenschaftlich und politisch. Den deutlichsten Ausdruck der wieder im menschlichen Gesichtsfeld auftretenden jüdischen Geschichte finden wir im Zionismus. Seit dem 19. Jahrhundert bezeichnet man als Zionismus jene feste Überzeugung vieler Juden der vergangenen Jahrzehnte, die glaubten, es würde in ihrem historischen Heimatland Israel wieder einen unabhängigen jüdischen Staat geben. Der Strom kehrte also damit zu seinem Ausgangspunkt zurück, jetzt aber sichtbar für alle. Zuerst schienen die wenigen in das Land Israel heimkehrenden Juden nur Tropfen und Rinnsale zu sein, kein Strom, doch ihr Einfluß wurde im ganzen Nahen Osten mehr und mehr fühlbar.

In diesem Kapitel will ich einen kurzen Überblick über den unterirdischen jüdischen Geschichtsstrom geben bis zu dem Zeitpunkt, als er wieder an die Oberfläche brach und die Juden wieder mit Macht in ihr Land Israel drängten.

Seit der Zerstörung Jerusalems 70 n. Chr. hatten die Juden an ihrem Traum festgehalten, einmal nach „Zion" zurückzukehren. Doch für die meisten war es tatsächlich nur ein Traum. Zerstreut in der ganzen Welt, oft in Sklaverei verkauft, verarmt und ausgeplündert, oft verfolgt, hielten sie doch zäh an ihrer jüdischen Identität, an ihrem Gesetzbuch (der Torah), an den Schriften ihrer Gesetzeslehrer, am Halten des Sabbath und an ihren Traditionen fest. Jahr für Jahr zitierten sie während ihrer Passah-Zeremonie getreu den Satz: „Und nächstes Jahr in Jerusalem!" Doch nur wenige unter ihnen glaubten wirklich daran.

OPFER DER THEOLOGIE

Während der langen Jahrhunderte ihrer Zerstreuung mußte das jüdische Volk am meisten unter den Christen leiden. Christlicher Antisemitismus beruhte auf einer Kombination von Theologie und populären Legenden. Ganze Generationen christlicher Theologen lehrten, daß ganz allein die Juden für den Tod Christi verantwortlich seien und sich deshalb der furchtbaren Sünde des „Gottesmordes" schuldig gemacht hätten. Deshalb stünden sie unter dem immerwährenden Fluch Gottes, der nie aufhören würde, und verdienten Verfolgung und Verderben.

Außerdem wurden bis ins 20. Jahrhundert hinein immer wieder Legenden über die Juden erzählt und geglaubt, wie zum Beispiel, Juden würden für ihre geheimen Zeremonien in Verbindung mit dem Passah christliche Kinder in ritueller Weise ermorden, weil sie deren Blut für ihre Zeremonien brauchten, und ähnliche Märchen. Durch solche Geschichten wurde immer wieder die Feindschaft angestachelt, und ganze jüdische Gemeinden wurden verfolgt und ermordet.

Der christliche Theologe Lovsky zählt auf, wie sich der christliche Antisemitismus den Juden gegenüber äußerte: Durch Verachtung, Verleumdung, Vorurteile, Rassentrennung, erzwungene christliche Taufen, Wegnahme von Kindern, ungerechte Gerichtsurteile, Verfolgungen und Austreibungen aus verschiedenen Ländern, Haß, Beschlagnahme ihres Besitzes und offene oder geheime soziale Erniedrigung.

Außerdem wurden die Juden beständig als habgierige, betrügerische und geizige Menschen geschildert, die nichts anderes verstünden als zu wuchern. Der Charakter von Shylock in Shakespeares Schauspiel „Der Kaufmann von Venedig" beschreibt genau dieses Vorurteil. Es ist bezeichnend dafür, daß die Juden vor Shakespeares Zeit für 300 Jahre aus England verbannt waren. Deshalb ist seine Schilderung von Shylocks Charakter total das Produkt seiner Einbildung und populären Legenden. Es liegt allerdings außerhalb der Möglichkeiten und Absichten dieses Buches, die Gründe und Ergebnisse des christlichen Antisemitismus im einzelnen zu untersuchen.

TRÄUME UND TRÄUMER

In dieser Atmosphäre fortwährender Verachtung und Verfolgung lebten die Juden als Fremde und Ausgestoßene inmitten der menschlichen Gesellschaft — ein immer wieder niedergetretenes Volk ohne Land. In dieser Dunkelheit blieb ihnen nur ein Lichtschimmer und eine Hoffnung: Zion! Doch dadurch wurden mehr Erinnerungen an die Vergangenheit wach als Hoffnungen für die Zukunft. Ab und zu jedoch erstand ihnen einmal ein Führer, der die Hoffnung wieder anfachte, sie könnten wieder ein freies Volk in einem eigenen Land sein.

Ein solcher Führer war zum Beispiel David Reubeni, eine charismatische jüdische Persönlichkeit aus dem Osten, der ungefähr im Jahre 1525 in Westeuropa erschien und mutig eine Armee zusammenzustellen versuchte, mit der er Palästina wieder für sein Volk erobern wollte. Mit dem Anspruch, er sei der Gesandte seines Bruders, der Herrscher eines jüdischen Königreiches in der Nähe Arabiens sei, bekam Reubeni sogar Zutritt beim Papst. Er erinnerte den Papst daran, daß viele Kirchenväter der frühen Kirche glaubten, Jerusalem würde vor Anbruch des Tausendjährigen Reiches wieder erbaut werden. Der Papst empfing ihn, bestätigte ihn und sandte ihn mit Empfehlungsschreiben zum König von Portugal.

Viele Juden sammelten sich um David Reubeni, weil er seit Jahrhunderten der erste Jude mit soviel Einfluß war, daß er vor dem Papst und vor Königen für sein Volk reden konnte. Doch als Reubeni endlich auch bis zu Kaiser Karl V. kam, wurde er erst verachtet, dann verhaftet und endlich wahrscheinlich hingerichtet. Die Hoffnungen der Juden waren von neuem zerschmettert und sie versanken wieder in Mutlosigkeit. Die am Ende des 15. Jahrhunderts in Spanien und Portugal beginnende Inquisition schien ihr Schicksal endgültig zu besiegeln. ,,Bekehrt euch oder sterbt'' war die Parole. In vielen Fällen wurden auch bekehrte Juden noch getötet, weil man nicht von der Echtheit der Bekehrung überzeugt war.

In jeder neuen Verfolgung wanderten einige wenige Juden zurück nach Palästina. Einige von ihnen rangen dem Boden ein armseliges Leben ab, andere lebten von den Almosen, die ihnen von ihren reicheren Brüdern in Asien oder Europa gesandt wurden. Die Kreuzzüge des 11. und 12. Jahrhunderts hatten das Land verwüstet und die wenigen Einwohner schwach und entmutigt zurückgelassen. Die Herrlichkeit Jerusalems war längst vergessen. Nach dem Bericht eines Pilgers lebten am Ende des 15. Jahrhunderts nur etwa 4000 Familien in Jerusalem. Nur 70 dieser Familien waren jüdischer Abstammung, und sie waren ,,die ärmste Klasse und mußten fast die einfachsten Notwendigkeiten des Lebens entbehren'' (Grayzel, Seite 464). Solche Berichte machten den in Europa lebenden Juden natürlich keine Hoffnung. Grayzel schreibt: ,,Das Land Palästina war genauso elend dran wie die dort lebenden Juden. Das Land war verwüstet und die Juden verzweifelt, und beide waren in der Hand ihrer Feinde und erwarteten Gottes Erlösung'' (Seite 465).

Für einen kurzen Augenblick gab es wieder Hoffnung. Im späten 16. Jahrhundert floh der reiche portugiesische Jude Joseph Nasi in die Türkei und kam beim Sultan zu hohem Ansehen. Der türkische

Sultan machte Nasi zum „Herzog von Naxos" (einer Insel im Ägäischen Meer) und schenkte ihm die vollen Rechte über die Provinz Tiberias in Palästina. Nasi wollte seinen Reichtum und großen Einfluß dazu verwenden, eine große Anzahl Juden in dieser Provinz anzusiedeln. Zu diesem Zweck beschaffte er sich Seidenraupen, damit die Kolonie Seide herstellen und davon leben konnte. Doch ehe der Plan ausgeführt war, brach zwischen der Türkei und Venedig Krieg aus. In den folgenden Kriegswirren fiel Joseph Nasi aus der Gunst des Sultans und verlor seine Macht. Wieder waren die jüdischen Hoffnungen zerstört.

UNERWARTETE HILFE

In dieser kritischen Lage, als jüdische Hoffnung und Kraft wieder einmal an einem Tiefpunkt angekommen war, kam Hilfe von unerwarteter Seite — von Christen in England. Die christliche Kirche Englands hatte sich den Juden gegenüber genauso schuldig gemacht wie die Kirchen der anderen Länder. Von 1290 an, als jeder in England lebende Jude aus dem Lande getrieben wurde, hatte es in England keine jüdischen Gemeinden mehr gegeben. Doch als dann im Laufe des 16. Jahrhunderts die Bibel in englischer Übersetzung vorlag, begannen die Menschen im Lande sich wieder mehr nach der Autorität des Wortes Gottes zu richten und darauf zu vertrauen. Doch dadurch wurde unter den Menschen auch ein neues Verständnis für Gottes Absicht mit den Juden und ihrem historischen Heimatland geweckt.

Die ersten christlichen Bemühungen, der wiedergefundenen Erkenntnis von der Wiederherstellung Israels neu zur Verbreitung zu verhelfen, kosteten seinen Autor das Leben. Francis Kett, ein Lehrer am „Corpus Christi College" in der Universität Cambridge, in der ich selbst auch studiert habe, wurde dieserhalb 1589 als Ketzer verbrannt. Doch der Gedanke blieb lebendig, und andere Theologen begannen über die „Berufung Israels" zu sprechen und zu schreiben. Fast alle, die an diesen neu entdeckten Gedanken glaubten, meinten auch, der Rückkehr der Juden in ihr verheißenes Land würden Massenbekehrungen zum Christentum vorausgehen.

Sir Henry Finch veröffentlichte 1621 das Buch „Die Wiederherstellung der Juden" und sprach von einer perfekten Theokratie, die es im Lande Israel geben würde. Seine Voraussage: „Alle Heiden werden ihre Ehre in dein Reich bringen und vor dir niederfallen", erweckte bei Kirche und Staat sofort heftigen Widerstand. Jakob I. sah in dem Buch eine persönliche Beleidigung gegen sich und ließ den alten Sir Henry und seinen Verleger verhaften. Sie wurden zwar nur wenige Wochen gefangen gehalten, waren aber in Zukunft vorsichtiger mit dem, was sie schrieben. Doch trotz aller Verfolgungen hatte der Gedanke Wurzeln gefaßt, vor allem unter den Puritanern, und breitete sich immer weiter aus.

In England glaubte man, daß mit der Wiederherstellung des jüdischen Staates auch das Tausendjährige Reich beginnen würde. Weitere Bücher wurden darüber veröffentlicht. Oliver Cromwell, Samuel Pepys, Henry Oldenburg, Baruch Spinoza und viele andere bekannte Leute unterstützten den Gedanken von der Wiederherstellung Israels. Man begann, sich sehr für die Juden zu interessieren. Manche glaubten, die Indianer der Neuen Welt seien die ,,verloren gegangenen zehn Stämme". Andere meinten, ein großer Teil der Bevölkerung von England selbst seien diese ,,verlorenen Stämme". Später nannte man jene, die an diese Lehre von ,,Britisch Israel" glaubten, die ,,unsichtbaren Hebräer".

Etwa zur gleichen Zeit begannen in Osteuropa, vor allem unter den Kosaken, neue Judenverfolgungen. Da war es durchaus verständlich, daß Sabbatai Zevi, der Sohn eines jüdischen Händlers aus Smyrna, in England große Aufmerksamkeit fand, als er sich selbst zum Messias proklamierte und ankündigte, er würde im Jahre 1666 das Volk Israel in sein Heimatland zurückführen. Überall in Europa erzählte man sich von Schiffen voller Juden, die auf der Reise nach Palästina seien. Die ,,Millenaristen" (Verkündiger des Tausendjährigen Reiches) sagten voraus, das Jahr 1666 würde das ,,Wunderbare Jahr" werden.

Sabbatai Zevi erreichte 1666 tatsächlich Konstantinopel. Doch anstatt dem Sultan die Krone zu nehmen, wurde er in das Gefängnis gesperrt und — bekehrte sich zum Islam. Dieses Mal waren nicht nur die Hoffnungen der Juden zerstört, sondern auch die Christen, die an die ,,Wiederherstellung Israels" glaubten, waren verzweifelt.

Zwei bedeutende Bücher über dieses Thema, die in jener Zeit geschrieben wurden, verschwanden völlig und tauchten erst bei der nächsten großen Welle des Zionismus, am Ende des 19. Jahrhunderts wieder auf. Beide Bücher waren von Christen geschrieben, welche die biblischen Prophezeiungen über das Volk Israel aufmerksam studiert hatten.

Das erste Buch „Nova Solyma" (Die ideale Stadt; erneuertes Jerusalem) war eine utopische Erzählung, die 1648 in lateinischer Sprache herausgegeben wurde. Sie kam erst 1902 wieder zum Vorschein, in demselben Jahr, in dem Theodor Herzl seine Erzählung über das gleiche Thema, „Altneuland", publizierte. Dieses Buch sprach ganz klar von einer Wiederherstellung Jerusalems.

Das andere Buch, „Der Weg des Lichts", von Johann Amos Comenius (Komensky), sah ein messianisches Zeitalter voraus, vor dem die Juden wieder in ihr Land zurückkehren würden. Comenius, ein Tscheche, der in England lebte, schrieb sein Buch 1642; herausgegeben wurde es aber erst 1667, und zwar auch in lateinischer Sprache. Als es das erste Mal ins Englische übersetzt und 1938 gedruckt wurde, war klar erkennbar, daß Comenius mit seinen biblischen Erkenntnissen 300 Jahre im voraus gedacht hatte.

CHRISTLICH-JÜDISCHER AUSTAUSCH

Der bedeutendste jüdische Führer im 17. Jahrhundert war außer dem schlecht beratenen Sabbatai Zevi der Rabbi von Amsterdam, Manasseh ben Israel. Sein Buch „Die Hoffnung Israels" verband den Messianismus der britischen Puritaner mit jüdischem Messianismus. Er glaubte, daß die Wiederherstellung Israels die zehn verlorenen Stämme einschließen mußte und akzeptierte die puritanische Meinung, die Indianer der Neuen Welt seien diese verlorenen Stämme. Seine Studien im Buch Daniel und anderen alttestamentlichen Prophezeiungen überzeugten ihn, daß England die Juden wieder in das Land lassen müsse. Er arbeitete mit britischen Christen zusammen, die dies auch glaubten, um es zustande zu bringen, erlebte es selbst aber nicht mehr. Als es in der Mitte der 1650er Jahre endlich wieder zugelassen wurde, war er schon gestorben. Doch seine Anteilnahme ermutigte viele britische Christen, weiter für das Ziel der Wiederherstellung Israels zu arbeiten.

Eines der erstaunlichsten Dinge des 17. und 18. Jahrhunderts war, daß die meisten Juden nicht an die Wiederherstellung Israels in seinem Heimatland glaubten, während viele Christen davon überzeugt waren. Britische Christen, die an die Wiederherstellung glaubten, sahen den Zerfall des türkischen Weltreiches als etwas Unausweichliches voraus. Doch andererseits arbeitete die britische Regierung unermüdlich daran, das türkische Reich zu erhalten.

Kobler schreibt dazu: „Es ist erstaunlich, daß für nahezu 200 Jahre schon englische Theologen, Dichter und Denker von der Wiederherstellung Israels überzeugt waren, während die Politiker von diesen Gedanken nahezu nichts wußten. Dies änderte sich erst im Laufe des 19. Jahrhunderts."

Als Napoleon Bonapartes Armeen 1799 in Palästina einmarschierten, appellierten die Führer der britischen „Wiederherstellungs-Bewegung" an ihn, den Juden dort eine Heimat zu gewähren. Doch Napoleons Sieg war zu kurzlebig. Sein Rückzug nach einem Monat beendete auch diese Hoffnung.

Der Gedanke, daß es Gottes Plan sei, die Juden wieder in ihr Heimatland zu bringen, wurde in jener Zeit fortwährend weiter diskutiert und studiert. James Bichenows Buch „Die Wiederherstellung der Juden — Krise für alle Nationen" erschien im Jahre 1800. Zwanzig Jahre später veröffentlichte ein unbekannt gebliebener englischer Autor den ersten Aufruf an Christen und Juden, friedlich zusammenzuarbeiten, um die Wiederherstellung des Staates Israel zustande zu bringen.

Viele bekannte Männer des 19. Jahrhunderts erwärmten sich für diesen Gedanken, wie z. B. Sir Isaac Newton, Charles Darwin, der Earl von Shaftsbury, Lord Palmerstone, Benjamin Disraeli, Robert Browning, Georg Eliot, John Adams u. a. Einer der eifrigsten war Sir Laurence Oliphant, Soldat, Diplomat, Schriftsteller, Journalist, Gelehrter der russischen Sprache und Kultur und Mitglied des englischen Parlaments. Als ihm das Ziel der europäischen Judenschaft klarwurde, setzte er sich dafür ein, ihnen als Heimat das „Land Gilead" auf der Ostseite des Flusses Jordan zu sichern. Er fand die Unterstützung des englischen Premierministers Disraeli, der von Geburt Jude, aber gläubiger Christ war, sowie von Lord Salisbury und dem Prinzen von Wales (dem späteren König Eduard VII.). Mit Empfehlungsschreiben von England ausgestattet fuhr er nach Paris, um auch die Unterstützung des französischen Außenministeriums zu gewinnen, was ihm auch gelang.

Wohlversehen mit Dokumenten der Regierungen Englands und Frankreichs fuhr er zum Sultan nach Konstantinopel. 1880, als der Erfolg nahe schien, verlor Disraeli das Amt des britischen Premierministers, und die britische Außenpolitik nahm eine ganz andere Richtung. England war nicht länger der Beschützer des türkischen Sultans. Wieder waren die Hoffnungen aller, die an eine Wiederherstellung Israels glaubten, zerronnen.

In der Zwischenzeit hatte unter jüdischen Intellektuellen in Rußland eine neue Bewegung begonnen, die *„Hovevei Zion"* (Liebhaber Zions). Sie erkannten, daß der Versuch der Juden, sich in den verschiedenen Ländern anzupassen, diese nicht vor Verfolgungen und Totschlag schützte, da gerade zu jener Zeit eine neue antisemitische Welle quer durch Europa lief. Diese neue jüdische Organisation breitete sich schnell unter den jüdischen Gemeinden des Kontinents und in Großbritannien aus. Laurence Oliphant schloß sich ihren Zielen an und half ihnen, so gut er konnte. Als russische Juden in geringer Zahl begannen nach Palästina auszuwandern, verließen Oliphant und seine Frau ihre Bequemlichkeiten in England und ließen sich in Haifa nieder, von wo aus sie den ankommenden jüdischen Einwanderern halfen. Oliphant starb 1888, nachdem er schon miterlebt hatte, wie die ersten landwirtschaftlichen Siedlungen der Flüchtlinge in Israel zu gedeihen begannen.

THEODOR HERZL UND SEIN FREUND

Theodor Herzl ist der eigentliche Vater des modernen Zionismus. Nach dem ersten Zionistischen Weltkongreß, 1897 in Basel/Schweiz, sagte er: „In Basel habe ich den jüdischen Staat gegründet. Wenn ich das heute laut sage, werde ich von der ganzen Welt ausgelacht. Aber vielleicht in fünf Jahren, aber ganz sicher in 50 Jahren wird es jeder erkennen..."

Sieben Jahre später war Herzl tot. Doch genau 50 Jahre später, am 29. November 1947, beschlossen die Vereinten Nationen, in Palästina einen jüdischen Staat zu gründen.

Die Ziele und die Zähigkeit von Theodor Herzl sind gut bekannt. Doch wenige wissen, daß ihm ein eifriger Helfer zur Seite stand. William Hechler war ein christlicher Pastor und Kaplan an der britischen Botschaft in Wien. Als er Herzls Buch „Der Judenstaat" gelesen hatte, ging er direkt zu Herzl und stellte sich ihm für sein großes Ziel zur Verfügung. Zu Anfang seiner Karriere war Hechler Hauslehrer der Kinder des Großherzogs von Baden gewesen, der der Onkel von Kaiser Wilhelm war. Von dieser Zeit her hatte er noch gute Verbindung zu den einflußreichen Familien Deutschlands. Er bot sich nun an, zu versuchen, für Herzl offene Türen zu finden.

Herzl selbst war kein religiöser Mensch. Er wußte wenig von den

Propheten. Doch er wußte, daß er die Anerkennung und Unterstützung der irdischen Herrscher brauchte, wenn er für seine jüdischen Brüder etwas erreichen wollte. Außerdem war Hechler Engländer, und Herzl kannte die Bewegung unter den britischen Christen, die für die Wiederherstellung des Staates Israel arbeitete. Da er sie als seine Verbündeten zu gewinnen hoffte, nahm er Hechlers Angebot an.

Innerhalb eines Monats hatte Hechler für Herzl eine zweistündige Audienz beim Großherzog Friedrich von Baden arrangiert und hatte selbst von Herzls Sache zum Kaiser gesprochen. Friedrich von Baden unterstützte Herzls Plan und erreichte durch seinen Einfluß für Herzl eine Audienz bei Kaiser Wilhelm. Zwei Mal konnte Herzl im Oktober 1898 mit dem Kaiser sprechen, und zwar in Konstantinopel und in Jerusalem.

Auf diese Weise wurden durch Hechler die Tore der europäischen Fürstenhöfe für Herzl geöffnet. Am Anfang hatte Herzl unter den Juden selbst fast nur Anhänger, die arm waren und keinen Einfluß besaßen, doch als er nun von Ministern und sogar von Königen empfangen wurde, faßten viele Juden Mut. Endlich sprach wieder ein Jude selbst in ihrem Namen, forderte ihr Recht auf Unabhängigkeit und ihr historisches Heimatland. Durch Herzls und Hechlers Zusammenarbeit rückten auch der Zionistische Weltkongreß und die britische Bewegung zur Wiederherstellung Israels näher zueinander. Im Jahre 1900 traf sich der Zionistische Weltkongreß in London. Die Losung dort lautete: Palästina den Juden!

Im Jahre 1902 begann in Rußland eine neue Welle von Judenverfolgungen. Dadurch geriet die Zionistische Bewegung in Aufruhr. Im Jahre 1902 und 1903 war der Zionistische Kongreß bereit, irgendein Stück Land in der Welt, das ihm angeboten wurde, anzunehmen und die Juden nach dort zu führen, damit die erbarmungslosen Verfolgungen und Judenmorde aufhörten. Die Briten boten dem Kongreß 1902 Land im Sinai an. Als der Plan scheiterte, zog der Kongreß 1903 Uganda in Betracht.

Das britische Außenministerium erkannte die Zionistische Bewegung offiziell diplomatisch 1903 an und bot den Juden in einem Brief Uganda als Zufluchtsort an. Herzl und viele andere waren bereit, dieses Land in Ostafrika anzunehmen, weil man ihnen Unabhängigkeit und eine eigene Regierung anbot. Doch der Kongreß konnte sich nicht einigen. Hechler war einer von denen, der darauf hinwies, daß sie vielleicht einige jüdische Leben retten konnten, wenn sie jetzt Uganda akzeptierten; sie verloren aber dadurch vielleicht für immer die Möglichkeit, in ihr eigenes Heimatland zurückzukehren. Herzl starb im August 1904. Als der Kongreß danach wieder zusammentrat, wurde der Uganda-Plan endgültig abgelehnt.

WIEDERBESIEDLUNG DES LANDES

Inzwischen kehrten immer mehr Juden nach Palästina zurück. Es war, als hätten die Zugvögel sich aufgemacht. Bisher war die Rückkehr nach Zion ein Traum gewesen, nun schien die Zeit gekommen. Sie kamen von Rußland und aus anderen Ländern Osteuropas, aus Marokko, dem Irak, der Türkei und aus dem Jemen. Zwischen 1904 und 1915 trafen 40 000 Einwanderer in Palästina ein und verdoppelten damit die Zahl der jüdischen Bewohner dort (es waren aber immer erst 12 Prozent der gesamten Einwohnerschaft). In dieser Zeit begann auch die Kibbuz-Bewegung. Große Orangen- und Zitronenplantagen wurden angelegt, neue Städte gegründet (Tel Aviv 1909), soziale Programme begannen und jüdische Industrien wurden errichtet.

Ab 1880, als sich die britische Haltung gegenüber dem Türkischen Reich änderte, wurde Deutschland der Beschützer des Sultans. Doch Deutschlands Niederlage im 1. Weltkrieg veränderte die ganze Lage. Als die britischen Soldaten unter General Allenby Jerusalem eroberten, endete die türkische Herrschaft und die britische Mandatsregierung begann. General Allenby, der Christ war, stieg vom Pferd und betrat Jerusalem zu Fuß, weil „niemand anders als der Messias die Stadt auf einem Pferd reitend betreten sollte".

Einen Monat vorher, am 2. November 1917, hatte Lord Balfour, der britische Außenminister, eine Erklärung abgegeben, die sagte: „Die Regierung seiner Majestät fördert wohlwollend den Gedanken, in Palästina ein nationales Heimatland für die Juden einzurichten..." Die berühmte „Balfour-Erklärung" brachte keinen jüdischen Staat zustande, aber sie ebnete den Weg dafür. Lord Balfour war selbst Christ und glaubte an die Wiederherstellung Israels. Seine Erklärung ließ die christliche Wiederherstellungs-Bewegung und die jüdischen Zionisten jubeln.

Doch die Freude war nur kurz, denn es traten keine schnellen Änderungen ein. Ab 1920 wurde Palästina von einer britischen Militärregierung verwaltet, die sich nicht um die Balfour-Erklärung kümmerte. Als die britische Regierung endlich ihren ersten Hochkommissar ernannte, wurde Herbert Samuel bestimmt, ein Jude, der sich bemühte, die Bedingungen für die neuen jüdischen Siedler zu verbessern. Er bestimmte außerdem, daß Hebräisch die dritte offizielle Sprache im Lande sein sollte.

Vom Anfang der neuen Siedlungsbewegung an gab es Probleme zwischen Arabern und Juden. Verschiedene Gründe trugen zu den Spannungen bei. Die Politik der britischen Verwaltung unterschied sich ganz klar von der der Türken, die das Land 400 Jahre beherrscht hatten. Der Zustrom jüdischer Einwanderer wurde immer größer, und das Land änderte seinen Charakter immer nachhaltiger. Die Araber lehnten diese Entwicklungen entschieden ab und begannen anti-jüdische Aufruhre zu organisieren.

Im Jahre 1919 hatten die Zionisten ein freundschaftliches Abkommen mit Emir Faisal, dem Führer der arabischen Bewegung, getroffen und hofften, sie könnten nun friedlich mit den Arabern zusammen leben. Doch als Abdullah, Faisals Bruder, 1921 mit einer Schar von Kriegern in Ostpalästina einfiel, veränderte sich die ganze Lage. Winston Churchill, damals britischer Staatssekretär für die Kolonien, erkannte Abdullah als Emir an und zerteilte Palästina mit einem Federstrich. Auf diese Weise entstand das neue Mandatsgebiet von Transjordanien, dem heutigen Königreich Jordanien. Er hoffte, die Araber würden sich zufrieden geben, wenn sie auf diese Weise vier Fünftel des Landes erhielten. Im Jahre 1922 brachten die Briten die Palästinafrage vor den Völkerbund. Dieser bestätigte die Teilung.

Es ist allerdings bemerkenswert, daß der Präsident der USA, Woodrow Wilson, ein Christ und eifriger Leser der Bibel, gegen die Teilung protestierte, und zwar mit folgenden Worten: ,,Die Sache der Zionisten beruht auf der Sicherheit biblischer Grenzen und hat auch die wirtschaftliche Entwicklung des Landes im Auge. Dies bedeutet, daß die Grenze von Palästina im Norden bis an den Litani-Fluß und zu den Quellen der Ströme im Hermongebiet reichen sollte. Im Osten sollten die Ebenen von Jaulon und Haran eingeschlossen sein, sonst würde das Land verstümmelt. Ich möchte Sie daran erinnern, daß weder Washington noch Paris irgendwelche Einwendungen gegen den zionistischen Plan und auch nicht gegen die Sicherung unverzichtbarer biblischer Grenzen erhoben haben…''

Winston Churchills Zugeständnisse an die Araber beendeten deren Opposition nicht, was sich bald durch weitere Terroranschläge bemerkbar machte. Manchmal ging die britische Armee gegen die

arabischen Unruhestifter vor, andermal wieder die jüdische Selbst-
schutzorganisation, die *Haganah.* 1929 veranstalteten die Araber
einen Aufruhr, weil die Juden an der Klagemauer beteten und ermor-
deten in Hebron an einem Sabbath 70 wehrlose Juden. Daraufhin
begann die Haganah überall in den im Lande verstreuten jüdischen
Siedlungen die Siedler zu Selbstverteidigungsgruppen auszubilden.

MÜHSALE, KÄMPFE UND FORTSCHRITT

Trotz aller Schwierigkeiten ging die jüdische Entwicklung des Landes
weiter. Junge jüdische Zionisten aus Osteuropa kamen nach der
Balfour-Erklärung in großer Zahl in das Land. In der Mitte der
1920er Jahre kamen viele Handwerker und Kaufleute, die sich in den
Dörfern und Städten niederließen und Fabriken, Geschäfte, Hotels
und Restaurants errichteten. Viele Gebäude und Straßen wurden errichtet. Der Jüdische Nationalfond kaufte große Landflächen, um
dort jüdische Einwanderer anzusiedeln. Das Geld wurde von zionistischen Organisationen in anderen Ländern gesammelt. Die jüdischen
Gewerkschaften, die *Histadrut,* wurden 1922 gegründet. Innerhalb
der *Histadrut* bildeten sich die meisten der Führer heran, die 1948 die
erste jüdische Regierung bildeten.
Von der Zeit der Teilung im Jahre 1922 an durften keine Juden
mehr nach Ostpalästina oder Transjordanien einwandern, aber trotzdem kamen weiterhin viele Araber in das jüdische Heimatland, um
an dem wachsenden Lebensstandard und den höheren Löhnen, die
durch die jüdische Entwicklung des Landes erreicht wurden, teilzu-
haben. Während zwischen den beiden Weltkriegen die jüdische Bevölkerung um 375 000 zunahm, wuchs in der gleichen Zeit die nicht-
jüdische Einwohnerzahl um 380 000. In jene Gegenden, die von den
Juden am meisten entwickelt wurden, wanderten auch die meisten
Araber ein; und Gegenden, deren Entwicklung noch zurückblieb,
wurden auch von den Arabern gemieden.
Hitlers Machtergreifung in Deutschland im Jahre 1933 war die
Ursache für eine große jüdische Einwanderungswelle nach Palästina.
Zwischen 1933 und 1936 kamen mehr als 164 000 neue jüdische Siedler. Da auch eine Anzahl reicher Juden darunter waren, kam viel Ka-
pital für Investitionen ins Land. Große arabische Landbesitzer nutz-
ten die Situation aus und verkauften sumpfiges, steiniges oder sandi-
ges Land zu enormen Preisen. Die Juden bezahlten an arabische

Landbesitzer zwischen 1933 und 1935 mehr als 20 Millionen Dollar. Dann begannen sie die Sümpfe zu entwässern und die Wüsten zu bewässern. Sie pflanzten Bäume, Büsche, Getreide und Gemüse. Obwohl die meisten Juden seit Jahrhunderten nicht mehr als Landwirte gearbeitet hatten, entwickelten sie unglaubliche Fähigkeiten und machten aus sandigen und steinigen Einöden fruchtbares Land.

Die Spannungen zwischen Juden und Arabern hielten auch während der 1930er Jahre an. Auch kam es zu Spannungen zwischen den jüdischen Einwanderern und der britischen Mandatsregierung. Obwohl es in England eine starke pro-zionistische Bewegung gab, neigte die Regierung oft aus Nützlichkeitserwägungen dazu, mit den Arabern zu halten.

Als 1939 der 2. Weltkrieg ausbrach, meldete sich sofort die gesamte jüdische Bevölkerung zwischen 18 und 50 Jahre (etwa 136 000 Männer) freiwillig zur britischen Armee. Doch die Engländer nahmen zunächst nur einige hundert Spezialisten und stellten erst mehr jüdische Soldaten ein, als Italien 1940 in den Krieg eintrat. Am Ende des Krieges dienten mehr als 26 000 Juden aus Palästina in der jüdischen Brigade. Der Kampf gegen den gemeinsamen Feind stärkte die Bindungen zwischen Juden und Briten, besonders auch deshalb, weil während dieser Zeit die Araber in Palästina entweder gleichgültig oder sogar pro-nazistisch waren. Der arabische Mufti von Jerusalem war ein offener Pro-Nazi. Er besuchte 1941 Deutschland und bot den Nazis „Hilfe und Beistand bei der Endlösung des Judenproblems" an.

Die starken militärischen Kräfte, die während des 2. Weltkriegs im Nahen Osten stationiert waren, halfen bei der Entwicklung der jüdischen Wirtschaft in Palästina. Die landwirtschaftliche Produktion nahm zu, besonders als neue jüdische Siedlungen in den fruchtbareren Gegenden des Landes entstanden. Die Industrie wuchs unter dem Einfluß des Krieges und große technische Fortschritte wurden gemacht. Ansonsten aber war zwischen den Juden und Arabern eine ruhige Zeit, wie im Zentrum des Sturms. Als aber der 2. Weltkrieg endete, begannen die Spannungen und Feindseligkeiten sofort aufs neue und sind bis heute nicht beendet.

3. Kapitel

Geburtswehen einer Nation

Die Periode von 1946—1948 war entscheidend für das Schicksal der jüdischen Gemeinden in Palästina, und damit auch für das gesamte jüdische Volk weltweit. Bis zu meiner Entlassung aus der britischen Armee im April 1946 war ich ein interessierter aber passiver Zuschauer dessen gewesen, was sich in Palästina entwickelte. Dabei wurde ich tief bewegt durch die Tatsache, daß vor meinen Augen Jahrtausende alte biblische Prophezeiungen in Erfüllung gingen. Ich hatte aber nie daran gedacht, mich selbst in die Geschehnisse verwickeln zu lassen, doch Gott schien andere Absichten zu haben.

Nach meiner Entlassung wohnten Lydia und ich noch eine Zeit mit unseren acht Mädchen in Ramallah. Doch bald machten uns unsere arabischen Nachbarn klar, daß sie nicht länger bereit waren, jüdische Mädchen in ihrer Mitte zu dulden. Es blieb uns also nichts anderes übrig, als nach Jerusalem zu ziehen, ehe der Haß gegen die Mädchen sich in gewalttätigen Aktionen entlud.

In Jerusalem wuchsen die Spannungen beständig. Jüdische Untergrundorganisationen übten Sabotageakte aus, und die britische Armee unternahm deshalb Gegenmaßnahmen. Immer wieder kam es zu bewaffneten Zusammenstößen. Arabische Heckenschützen besetzten Hausdächer und andere wichtige Punkte und schossen von da aus auf jüdische Passanten und britische Soldaten. Nachts waren die Straßen völlig dunkel und verlassen, niemand wagte sich hinaus.

Trotz der wachsenden Spannungen gelang es mir, mich als Student bei der Hebräischen Universität einschreiben zu lassen, die auf dem Berg Skopus liegt, in der Nähe der Gegend, wo ich meinen Militärdienst beendete. Trotz einiger Unterbrechungen, die durch jeweils kurzzeitige Schließung der Universität durch die britischen Militärbehörden hervorgerufen wurden, konnte ich für 18 Monate studieren.

Am 29. November 1947 beschlossen die Vereinten Nationen, Palästina in zwei Staaten aufzuteilen, einen arabischen und einen jüdischen. Von diesem Augenblick an verschlimmerte sich die Lage in Jerusalem ganz schnell zu dem Status eines unerklärten Krieges.

Offiziell waren die Briten immer noch für die Aufrechterhaltung von Gesetz und Ordnung verantwortlich, und sie hatten auch genug Militär zur Verfügung, um diese Aufgabe wirkungsvoll zu erfüllen. Doch leider taten sie es nicht. Die Briten duldeten und unterstützten manchmal sogar die Plünderungen und Morde, die von bewaffneten arabischen Banden gegen die Juden begangen wurden. Ich habe außerdem persönlich miterlebt, wie die britische Armee ihre Möglichkeiten benutzte, um die Juden daran zu hindern, in Besitz der Waffen zu gelangen, die sie zu ihrer Selbstverteidigung benötigten. Ich mußte persönlich zu dem Schluß kommen, daß die Behörden meines eigenen Landes in Palästina alles taten, um das Entstehen eines jüdischen Staates zu verhindern.

Die stärkste Gruppe der arabischen „Sicherheitsstreitkräfte", die unter dem Befehl der britischen Armee standen, war die „Arabische Legion". Die „Arabische Legion" war die offizielle Armee von Transjordanien, dem späteren Königreich Jordanien. Sie war britisch ausgebildet und ausgerüstet und wurde auch von den Briten finanziert und kommandiert. Den jüdischen Bewohnern Palästinas allerdings bot die „Arabische Legion" keinerlei Sicherheit; im Gegenteil, sie war die stärkste Armee der vereinigten arabischen Kräfte gegen die Juden.

Am Abend des 12. Dezember 1947 hörte eines unserer Mädchen zufällig eine Unterhaltung mit, wodurch wir erfuhren, daß noch in der gleichen Nacht ein Lastwagen voller Soldaten der „Arabischen Legion" unser Haus überfallen wollte. Da wir keinerlei Schutz gegen diese Art von „Sicherheitskräften" besaßen, verließ unsere gesamte Familie einfach das Haus. Nachdem wir zwei Stunden durch die dunklen und verlassenen Straßen von Jerusalem gewandert waren, fanden wir für diese Nacht Zuflucht in einer amerikanischen christlichen Mission.

Am nächsten Tag machten die moslemischen Araber in der Nachbarschaft der Mission dem leitenden Missionar klar, sie würden das Haus niederbrennen, wenn er weiter jüdische Mädchen beherbergen würde. Also befanden wir uns 24 Stunden später wieder als Flüchtlinge in den Straßen Jerusalems. Nachdem wir für zwei Monate ein solches Flüchtlingsleben geführt hatten, wurden wir eingeladen, in ein großes Missionshaus zu ziehen, das in dem jüdischen Hauptgebiet von Jerusalem lag. Die Missionare wollten das Land verlassen und hätten gern gesehen, daß wir uns während ihrer Abwesenheit um das Gebäude kümmerten. Während der nächsten Monate blieben wir dort und erlebten in diesem Haus die Geburt des Staates Israel mit.

JERUSALEM BELAGERT

Mittlerweile war das jüdische Gebiet von Jerusalem zu einer belagerten Stadt geworden. Alle Verbindungen mit den arabischen Stadtteilen, die im Norden, Osten und Süden lagen, waren abgebrochen. Nach dem Westen hatten halbmilitärische bewaffnete arabische Gruppen die Straße nach Tel Aviv und der Küste abgeschnitten. Die Briten taten nichts, um die Araber daran zu hindern. Statt dessen hinderten sie noch die Juden daran, wirkungsvolle Schritte zu unternehmen, um die Verbindungsstraße zwischen Tel Aviv und Jerusalem wieder zu öffnen. Im jüdischen Teil Jerusalems gingen deshalb die Lebensmittel aus, und wir waren am Rande des Verhungerns.

Am 14. Mai 1948 zogen die britischen Truppen endgültig aus Palästina ab, und am gleichen Tage noch wurde der Staat Israel offiziell proklamiert. Am nächsten Tag erklärten alle Israel umgebenden arabischen Staaten dem neuen Staat den Krieg und begannen mit militärischen Operationen, um den neu gegründeten Staat sofort wieder endgültig zu zerstören. Mehr als 40 Millionen Menschen mit gut ausgerüsteten modernen Armeen begannen einen Krieg gegen einen gerade geborenen Staat von knapp 640 000 Einwohnern, dessen Freiwilligen-Armee sich seit 48 Stunden gerade erst sammelte und die außer leichten Waffen bisher kaum andere Ausrüstung besaß.

Am 17. Mai begann die „Arabische Legion" den jüdischen Teil Jerusalems unter schweres Artilleriefeuer zu nehmen. Eine der ersten Granaten schlug nur wenige Meter südlich von dem Haus ein, in dem wir wohnten. Ein großer Granatsplitter flog durch ein offenes Fenster in der ersten Etage, genau zwischen zweien unserer Mädchen hindurch, die in diesem Raum standen, und machte ein etwa 10 Zentimeter tiefes Loch in der gegenüberliegenden Wand. Als der Granatsplitter abgekühlt war, zog ich ihn aus der Wand. Er bestand etwa aus dem halben Boden der Granate. Ich konnte die darin eingeprägten Worte lesen: „Made in Britain."

Die „Arabische Legion" setzte ihre Beschießung Jerusalems fast einen Monat fort, wodurch es unter der Zivilbevölkerung viele Verwundete und Tote gab. Sie gaben sich keine Mühe, nur militärische Objekte zu beschießen, sondern nahmen wahllos auch Krankenhäuser, Kirchen und diplomatische Gebäude unter Feuer, obwohl viele davon deutlich gekennzeichnet waren.

Anfang Juni gelang es den Vereinten Nationen, in Palästina für vier Wochen einen Waffenstillstand herbeizuführen. Dadurch wurde für diese Zeit der offene Kampf verhindert, doch die kleinen Zwischenfälle und Überfälle aus dem Hinterhalt gingen weiter. Ich nahm die Zeit des Waffenstillstands wahr, um an den Vizekanzler der Universität von Cambridge, der ein guter Freund von mir war, einen Brief zu schreiben. Ich bat ihn, seinen Einfluß zu nutzen, um die Lage in Jerusalem und ganz Israel der britischen Regierung und der Presse zur Kenntnis zu bringen. Ich gebe hier den Schlußabsatz meines damaligen Briefes wieder:

„Ich bin fest überzeugt davon, daß alles, was ich bisher in diesem Brief geschrieben habe, die weiteste Verbreitung verdient. Ich schlage vor, meine Ausführungen in vier kurzen Sätzen zusammenzufassen:

1. Seit November 1947 hat die britische Regierung systematisch zu verhindern versucht, daß der Beschluß der Vereinten Nationen, in Palästina einen unabhängigen jüdischen Staat zu gründen, Wirklichkeit wird.
2. Die gegenwärtige Politik der britischen Regierung trägt in Palästina dazu bei, die Auseinandersetzungen hier härter zu machen und zu verlängern.
3. Das Ergebnis der britischen Politik außerhalb Palästinas ist es, den Beschluß der Vereinten Nationen zu untergraben.
4. Die wahllose Beschießung Jerusalems, die 27 Tage und Nächte gedauert hat, ist in allem eine britische militärische Operation, nur daß sie einen anderen Namen hat.

Ich will schließen und zwei Fragen aussprechen, die mich in der letzten Zeit immer wieder bewegen: Weiß die Bevölkerung von Großbritannien, was in ihrem Namen in Palästina getan wird? Wenn sie es wissen, sind sie damit einverstanden?"

EINE NATION WIRD AN EINEM TAGE GEBOREN

Als der vierwöchige Waffenstillstand vorüber war, begann der offene Kampf sofort wieder. In diesen vier Wochen hatten Juden und Araber versucht, ihre Positionen zu verstärken und weiteren Nachschub heranzubringen. Aber in diesen vier Wochen war eine Veränderung anderer Art in der ganzen Situation eingetreten, die vom militärischen Standpunkt aus allein nicht erklärbar ist. Es war einer jener unbestimmbaren Faktoren im Ablauf der menschlichen Geschichte, die von den Geschichtsschreibern nicht erklärt werden können und deshalb gewöhnlich auch nicht niedergeschrieben werden. Doch ihre Auswirkungen waren klar erkennbar und entscheidend. Von meinem Standpunkt aus, den ich eingenommen hatte, seit ich in das Land Israel gekommen war, sah ich die mächtigste Kraft am Werke, die es gibt — Gottes prophetisches Wort!

Man konnte die Lage zu der Zeit betrachten, von welcher Seite man sie menschlich auch wollte — alles sprach gegen Israel. Die Übermacht war überwältigend. Doch nach und nach wendete sich das Geschick des Krieges gegen die arabischen Armeen — im Anfang zwar noch langsam, aber doch unwiderstehlich. Zum Ende des Jahres 1948 waren alle angreifenden arabischen Armeen gezwungen worden, sich zurückzuziehen, und der Staat Israel existierte in Grenzen, die sogar etwas weiter waren als jene, die ursprünglich von den Vereinten Nationen gesetzt wurden. Ganz ohne Zweifel lagen weitere Kämpfe und riesige Opfer noch vor den Israelis. Doch eine Tatsache überschattete alle anderen: *Der Staat Israel war geboren worden und hatte sich behauptet.*

Wieder einmal fand ich bei Israels alten Propheten eine Zusammenfassung der Ereignisse, die ich soeben miterlebt hatte, wie sie genauer nicht sein könnte: *,,Wer hat so etwas je gehört, wer dergleichen je gesehen? Kann denn ein Land an einem einzigen Tage ins Dasein gerufen oder ein Volk mit einem Mal geboren werden? Und doch ist Zion in Wehen gekommen und hat zugleich auch ihre Kinder geboren"* (Jesaja 66, 8).

Genau dies hatte ich hier selbst miterlebt. An einem Tag, dem 14. Mai 1948, war Israel als komplette Nation geboren worden, mit eigener Regierung, bewaffneten Streitkräften und allen nötigen funktionierenden Behörden. Sicher — alles war noch sehr provisorisch und bedurfte dringend der Verbesserung. Und doch war alles vorhanden, was nötig war, um Israel zu einem unabhängigen Staat innerhalb eigener Grenzen zu machen. Soweit ich wußte, gab es in der menschlichen Geschichte kein vergleichbares Beispiel.

Am Ende des Jahres 1948 zogen Lydia und ich mit unserer Familie nach England. Unser letztes Jahr in Jerusalem war voller Schwierigkeiten und Gefahren gewesen, doch niemand von uns war körperlich verletzt worden. Mir wurde klar, daß ich nur einen kleinen Preis für das große Vorrecht bezahlt hatte, Augenzeuge sein zu können bei einigen der wichtigsten Erfüllungen biblischer Prophezeiungen seit dem ersten Jahrhundert unserer Zeitrechnung.

RÜCKBLICK VON GROSSBRITANNIEN AUS

Nun war ich nach siebenjähriger Abwesenheit wieder in meinem Heimatland und hatte Gelegenheit, über die Rolle nachzudenken, die England in der Schlußperiode seiner Mandatsregierung in Palästina gespielt hatte. Ich bin von Geburt Brite und bin dankbar dafür. Es macht mir deshalb keine Freude, von den falschen Handlungen britischer Behörden zu berichten. Und doch glaube ich, daß diese Dinge hier einmal klar gesagt werden müssen, weil daraus eine wichtige Lektion gelernt werden kann, die unserem eigenen Volk und anderen Nationen und Regierungen ebenso helfen könnte.

Wie ich im vorherigen Kapitel gezeigt habe, waren die Menschen in Großbritannien offen für die Wiederherstellung des Staates Israel. Seit mehr als 300 Jahren schon hatten Christen in England aus der Bibel heraus diesen Gedanken erkannt und sich dafür eingesetzt. Auf der politischen Ebene hatten Männer wie Lord Shaftsbury und Lord Balfour, mit seiner Balfour-Erklärung, einen Prozeß in Gang gesetzt, der endlich zur Begründung des Staates Israel führte. Es war auch die britische Regierung gewesen, die dieserhalb die entscheidenden Schritte bei den Vereinten Nationen unternommen hatte. Und dies alles, weil bibelgläubige Männer überzeugt waren, damit den Willen Gottes zu tun.

Nach diesem ist es geradezu ein unglaublicher Widerspruch und Heuchelei höchsten Grades, wenn die gleiche britische Regierung nun versuchte, die Entscheidung der Vereinten Nationen, nun endlich in Palästina einen unabhängigen jüdischen Staat entstehen zu lassen, wieder zu untergraben. Solches Benehmen war ein schwerer Schlag gegen das britische Ansehen in der Welt und erwies sich als der erste Schritt auf dem Wege zum Abstieg von ehemaliger nationaler Größe.

Die Änderung der britischen Politik in diesem entscheidenden Augenblick der Geschichte des Nahen Ostens kam ohne offizielle Zustimmung des britischen Parlaments zustande und ohne daß die große Mehrheit der britischen Bevölkerung bemerkte, was da geschah. Wo sind die Gründe für diese Änderung der britischen Haltung zu suchen? Zwei davon sind klar zu erkennen.

Erstens gab es Überlegungen, die zwar nie öffentlich formuliert wurden, von wirtschaftlicher und politischer Zweckdienlichkeit. Schon 1948 war es vorausschauenden Politikern klar, daß Öl einmal knapp werden würde und daß die Wirtschaft der Industrienationen auf absehbare Zeit immer mehr vom Öl abhängig werden würde. Nun befinden sich große Teile der Erdölvorräte der Welt unter der Kontrolle der arabischen Staaten im Nahen Osten. Also wurde es das unausgesprochene Ziel der britischen Politik, zwar öffentlich weiter zur Balfour-Erklärung zu stehen, unter der Hand aber die Freundschaft der Araber zu gewinnen, indem man sie gegen Israel unterstützte.

Zweitens gab es auch in Teilen der britischen Bevölkerung noch verborgene antisemitische Elemente, die in dieser Situation einmal ein wenig sichtbar wurden. Obwohl diese antisemitischen Strömungen nie offiziell zum Ausdruck kamen, übten sie doch bei den zivilen Behörden wie bei der Armee gewissen Einfluß aus. Bei einigen Gelegenheiten gaben kommandierende Offiziere ihren antisemitischen Gefühlen auch offen Ausdruck. Doch auch da, wo nicht davon geredet wurde, beeinflußten sie doch oft politische Entscheidungen.

Jene Leute, die aus den vorher erwähnten Gründen in der britischen Politik dem Entstehen des Staates Israel Schwierigkeiten machen wollten, übersahen allerdings eine wichtige Tatsache: In der Geschichte der Völker ist eine moralische und geistige Kraft am Werke. Deshalb sollte die Verantwortung der Regierungen auch über ihre politischen, wirtschaftlichen und militärischen Überlegungen hinausgehen. Moralische und geistliche Prinzipien auf dem Altar der Nützlichkeitserwägungen zu opfern, ist am Ende nicht im Interesse der einzelnen Nationen. Alles Handeln, das sich nur von Überlegungen im Blick auf Zweckdienlichkeit leiten läßt, bringt am Ende doch nicht die Ergebnisse, die erwartet werden.

Als ich über diese Dinge nachdachte, wurde ich an die Lage des Volkes Israel erinnert, wie sie uns in den ersten Kapiteln des 2. Buches Moses geschildert wird. Die Israeliten waren Fremdlinge in Ägypten, und ihr Schicksal wurde in erster Linie jeweils von dem

Pharao bestimmt, der auf dem ägyptischen Thron saß. Wir lesen dort: *„Da kam ein neuer König in Ägypten zur Regierung, der Joseph nicht gekannt hatte. Der sagte zu seinem Volk: »Seht, das Volk der Israeliten wird uns zu zahlreich und zu stark. Wohlan, wir wollen klug gegen sie zu Werke gehen, damit ihrer nicht noch mehr werden; sonst könnte es geschehen, daß, wenn ein Krieg ausbräche, sie sich auch noch zu unsern Feinden schlügen und gegen uns kämpften und aus dem Lande wegzögen«"* (2. Mose 1, 8—10). Der neue König betrieb also eine andere „Judenpolitik" als seine Vorgänger und begann die Israeliten zu unterdrücken. Aber seine „kluge" Rechnung ging nicht auf, und er konnte die Absicht Gottes mit Israel nicht verhindern. Doch was er tat, wirkte sich am Ende zum großen Schaden für Ägypten aus. So sehen gewöhnlich die menschlich „nützlichen" Überlegungen aus, die aber gegen den Willen Gottes stehen.

In der Bibel wird immer wieder klar gemacht, daß es sinnlos und unweise ist, sich gegen den Plan und Willen Gottes zu stellen. Wir lesen zum Beispiel: *„Es gibt weder Weisheit noch Einsicht noch einen klugen Anschlag gegenüber dem Herrn"* (Sprüche 21, 30). Ein weiterer Vers zeigt klar, daß letztlich Gott die Geschicke der Welt bestimmt: *„Gott läßt Völker groß aufwachsen und vernichtet sie wieder; Er breitet Völker weit aus und läßt sie dann verschleppen"* (Hiob 12, 23).

Über 300 Jahre war in Großbritannien der Gedanke wach, Israel müsse wiederhergestellt werden, und viele setzten sich für diesen Gedanken ein. In dieser Zeit wurde Großbritannien zu einer mächtigen Nation und zu einem Weltreich. Als die britische Politik nach dem 2. Weltkrieg begann, sich dem Aufbau des Staates Israel hindernd in den Weg zu stellen, begann der Niedergang Großbritanniens. Sollten wir nicht alle daraus lernen, daß es für jedes Volk und für jede Regierung von Wichtigkeit und gut ist, das Wohlwollen des allmächtigen Gottes zu suchen? Doch es ist äußerst töricht und gefährlich, Sein Mißfallen zu erregen.

Teil II

Prophetische Erfüllung

4. Kapitel

Gottes Plan

Die Entwicklung des neuen Staates Israel zeigt die selben Elemente
übernatürlicher Wunder wie in der Anfangsgeschichte dieses Volkes
überhaupt. Zum Beispiel wurden im ersten Jahrzehnt dieses jungen
Staates von weniger als 640 000 Einwohnern mehr als zweimal so viele Einwanderer aufgenommen, viele davon waren Flüchtlinge. All
diese Menschen bekamen Wohnungen, Kleidung, Nahrung, wurden
in der hebräischen Sprache unterwiesen und beruflich ausgebildet sowie mit einem Arbeitsplatz versorgt. Zur gleichen Zeit baute Israel
seine Armee auf und hielt die feindlichen arabischen Nationen rundum in Schach.

Es ist nicht möglich, in diesem Buch Einzelheiten über den Aufbau des neuen Staates Israel wiederzugeben. Doch es ist auch nicht
möglich, die Vorgänge richtig zu verstehen, wenn man nicht wenigstens einiges von dem weiß, was seit 1948 geschehen ist. Für Leser,
die nicht näher mit der neueren Geschichte Israels vertraut sind, habe
ich am Schluß des Buches einen kurzen chronologischen Überblick
über diese Ereignisse gegeben. Es wird beim Weiterlesen vielleicht
manchmal hilfreich sein, dort nachzuschlagen.

Der Druck, unter dem Israel seit 1948 steht, ist in der Geschichte
wahrscheinlich ohne Parallele. Da sind feindliche Nachbarn, fünf
Kriege, Terrorismus, Inflation, Anfeindung in den Massenmedien
vieler Länder der Erde und ökonomischer Boykott, um nur die wichtigsten Probleme zu erwähnen. Das kleine Volk mit knapp 4 Millionen Einwohnern bewohnt ein Gebiet von etwa 20 000 Quadratkilo-
metern, also etwa von der Größe Hessens. Die feindlichen arabischen
Nationen zählen 150 Millionen Menschen und leben auf etwa 8 Millionen Quadratkilometer Landfläche. Die Armeen der Arabischen
Liga zählen etwa 1 Million Soldaten, die israelische Armee dagegen
rund 164 000.

Trotzdem ist der Staat gewachsen und gedeiht immer weiter. Trotz aller Schwierigkeiten machen die Israelis immer mehr Land urbar und bringen immer größere Ernten ein; sie bauen Fabriken auf und entwickeln ihre eigene Kultur. Israels Entwicklung ist nicht aufzuhalten, denn hinter dieser Entwicklung steht eine menschlich nicht faßbare Tatsache. Es ist dieselbe menschlich unberechenbare Kraft, welche dieses Volk schon am Anfang seiner Geschichte bewahrte, begleitete und versorgte. Einfach ausgedrückt könnten wir sagen: Jeder Tag, an dem Israel unter diesen Umständen weiter existiert, ist ein Wunder.

Ich habe vorher schon darauf hingewiesen, daß der Schlüssel, um dieses Wunder und die ganze Situation im Nahen Osten zu verstehen, im prophetischen Wort der Bibel zu finden ist. Dies ist seit Jahrtausenden so und heute erst recht. Gott hat einen Plan mit dem Volk Israel und führt ihn aus. Wir können diesen Plan am besten verstehen, wenn wir die Bibel zu uns reden lassen. Dies soll auch auf den kommenden Seiten geschehen.

AN JENEM TAG

In Jesaja 11, 10—14 malt der Prophet ein leicht verständliches Bild von der Rückkehr Israels in seine Heimat von den vier Enden der Erde:

,,An jenem Tage wird es geschehen, da werden die Heidenvölker den Wurzelsproß Isais aufsuchen, der als Banner für die Völker dasteht, und Seine Ruhestätte wird voller Herrlichkeit sein. Und an jenem Tage wird es geschehen, da wird der Allherr Seine Hand zum zweitenmal ausstrecken, um den Rest Seines Volkes, der noch übriggeblieben ist, loszukaufen aus Assyrien und Unterägypten, aus Oberägypten und Äthiopien, aus Persien und Babylon, aus Hamath und den Küstenländern des Meeres.

Da wird Er den Heidenvölkern ein Banner aufpflanzen und die verstoßenen Israeliten sammeln und das, was von Juda zerstreut ist, zusammenbringen von den vier Enden der Erde. Dann wird die Eifersucht Ephraims schwinden, und die, welche in Juda neidisch sind, werden ausgerottet werden; Ephraim wird nicht mehr neidisch auf Juda sein, und Juda wird Ephraim nicht mehr eifersüchtig behandeln; sondern sie werden den Philistern meerwärts auf die Schulter fliegen, werden vereint die Bewohner des Ostens plündern; von

50

Edom und Moab werden sie Besitz ergreifen, und die Ammoniter werden ihnen untertan sein."

Am Anfang dieses prophetischen Bildes spricht Jesaja vom „Wurzelsproß aus Isai": *„An jenem Tag wird es geschehen, da werden die Heidenvölker den Wurzelsproß Isais aufsuchen, der als Banner für die Völker dasteht, und Seine Ruhestätte wird voller Herrlichkeit sein."*

Der „Wurzelsproß aus Isai" ist einer der biblischen Titel des Messias. Jesaja sagt hier voraus, daß der Messias als Banner für die Völker dastehen wird und die Heidenvölker (Nationen) werden sich um Ihn versammeln. Seine Ruhestätte wird voller Herrlichkeit sein. Genauso ist diese Vorhersage durch Jesus von Nazareth erfüllt worden. Nachdem Jesus Seine irdische Aufgabe und Seinen Dienst hier beendet hatte, kehrte Er zu Seinem Platz in der Herrlichkeit beim Vater zurück. Seither ist Er zu einem „Banner" für alle Menschen in der ganzen Welt geworden, die zu Ihm schauen. Viele haben sich zu Ihm versammelt, Ihn als ihren Herrn und Erlöser angenommen und sind Seine Jünger geworden.

In diesem Vers und auch im nächsten finden wir ein Schlüsselwort, nämlich *„an jenem Tag"*. Im Propheten Jesaja finden wir den Ausdruck *„an jenem Tag"* fast 50 Mal. In den meisten Fällen ist er in Verbindung zum Messias gesagt. Der Ausdruck will nicht notwendigerweise eine ganz bestimmte Periode in der menschlichen Geschichte beschreiben, die Bedeutung ist eher, daß da, wo der Messias ist, da ist auch *„jener Tag"*. Auf der anderen Seite besteht kein Zweifel daran, daß bei Jesaja der Ausdruck „jener Tag" sich auf die Zeitperiode am Ende unseres Zeitalters bezieht. In unserem Zusammenhang glaube ich, daß beide Auslegungen richtig sind.

EINE ZWEITE RÜCKKEHR

„An jenem Tag wird es geschehen, da wird der Allherr Seine Hand zum zweitenmal ausstrecken, um den Rest Seines Volkes, der noch übriggeblieben ist, loszukaufen aus Assyrien und Unterägypten, aus Oberägypten und Äthiopien, aus Persien und Babylon, aus Hamath und den Küstenländern des Meeres" (V. 11).

Aus einigen Gründen ist dies ein besonders wichtiger Vers. Erstens deshalb, weil es heute eine weitverbreitete Theorie gibt, das Buch Jesaja sei nicht nur von einem Propheten geschrieben. Es gibt da Ausdrücke wie „der zweite Jesaja" und auch „der dritte Jesaja" usw. Für meinen Teil kann ich keinen logischen Grund für diese Theorie finden. Einer der Hauptgründe für diese Meinung ist, daß viele Bibelausleger glauben, es sei für einen Propheten Gottes nicht möglich, Dinge, die noch in der Zukunft liegen, in solchen Einzelheiten und so genau vorherzusagen, wie Jesaja dies tat.

Ein Beispiel dafür finden wir in den Voraussagen Jesajas in den Kapiteln 44 und 45, wo er mit „Cyrus" den Namen des Herrschers erwähnt, der den Juden die Rückkehr aus der babylonischen Gefangenschaft nach Jerusalem gestatten würde. Weil der Name „Cyrus" dort erwähnt ist, sagen manche Bibelausleger, dieser Teil der Prophezeiung könne erst zu Lebzeiten des persischen Königs Cyrus oder später geschrieben worden sein, weil es vorher niemand wissen konnte. Ich aber glaube nicht an diese Art der Schlußfolgerung, sondern glaube daran, daß Gott allwissend ist und es Ihm wohl möglich ist, durch einen Seiner Propheten auch Einzelheiten von zukünftigen Ereignissen genau voraussagen zu lassen. Ich glaube nicht, daß diese Voraussagen von einem anderen Menschen erst zu späterer Zeit geschrieben wurden. Gott würde nicht zulassen, daß in Seinem Wort solche falschen Angaben vorkommen.

Jeder, der die Möglichkeit hat, das Israelische Museum in Jerusalem zu besuchen, kann dort die berühmten „Schriftrollen vom Toten Meer" ausgestellt sehen. Unter diesen Rollen ist eine komplette Rolle des Propheten Jesaja, die man in die Zeit von 100 vor bis 100 nach Christus datiert. Sie ist in nebeneinander liegenden Spalten geschrieben, von oben nach unten und von rechts nach links.

Die meisten Ausleger, die behaupten, das Buch Jesaja sei von mehreren Personen geschrieben, machen ihre Hauptunterteilung am Ende des 39. Kapitels. In diesem Manuskript im Israelischen Museum nun endet das 39. Kapitel gerade eine Zeile vor dem Ende einer Spalte. Hätte der Schreiber auch nur im Entferntesten daran gedacht, daß mit dem Kapitel 40 eine andere Person zu schreiben begonnen hätte, wäre es wohl ganz selbstverständlich gewesen, die restliche eine Zeile dieser Spalte leer zu lassen und mit einer neuen Spalte oben zu beginnen. Aber das hat er nicht getan. Dies zeigt mir, daß der Schreiber in jener Zeit, die fast 2000 Jahre vor der unseren liegt, nicht daran dachte, das Buch Jesaja könnte die Arbeit von mehreren Personen sein. Ich finde auch keinen stichhaltigen Grund dafür.

In dem Vers Jesaja 11, 11 wird der Ausdruck *„zum zweitenmal"* gebraucht und verdient besonders unsere Aufmerksamkeit. *„Und an jenem Tage wird es geschehen, da wird der Allherr Seine Hand zum zweitenmal ausstrecken, um den Rest Seines Volkes, der noch übriggeblieben ist, loszukaufen aus Assyrien und Unterägypten, aus Oberägypten und Äthiopien, aus Persien und Babylonien, aus Hamath und den Küstenländern des Meeres."*

Schon hier in Kapitel 11, also vor der babylonischen Gefangenschaft, sah der Prophet voraus, daß das Volk Israel nicht nur einmal, sondern zweimal zerstreut und wieder in sein Land zurückgebracht werden würde. Die babylonische Gefangenschaft und die Rückkehr daraus würde nur das erste Mal sein. Es mußte also eine zweite Zerstreuung und Rückkehr folgen.

Diese Folgerung wird durch die Liste der Länder bestätigt, aus denen die Rückkehrer kommen würden. Assyrien ist heute hauptsächlich der Irak; Ägypten, Äthiopien und Persien sind uns noch heute bekannt, Babylonien meint wieder hauptsächlich den Irak, und Hamath ist Syrien. Unter den „Küstenländern des Meeres" waren alle Länder eingeschlossen, die den Israeliten zu jener Zeit noch nicht so gut bekannt waren, und zwar hauptsächlich in westlicher Richtung. Wir würden heute für diesen Ausdruck vielleicht sagen, „aus allen Kontinenten".

Durch die Rückkehr aus der babylonischen Gefangenschaft wurde, das ist ganz klar, diese Prophezeiung nicht erfüllt. Wir finden Länder und Gebiete aufgezählt, aus denen keine Juden nach der babylonischen Gefangenschaft zurückkehrten. Also blickte der Prophet vorwärts zu einer anderen, größeren Sammlung des Volkes Israel.

EIN BANNER FÜR DIE NATIONEN

Jesaja enthüllt nun den Hauptzweck, den Gott mit der zweiten Rückkehr des Volkes Israel aus der Zerstreuung verfolgt: *„Da wird Er (der Herr) den Heidenvölkern ein Banner aufpflanzen und die verstoßenen Israeliten sammeln und das, was von Juda zerstreut ist, zusammenbringen von den vier Enden der Erde"* (V. 12).

Jesaja betont nochmals, daß die zerstreuten Israeliten bei der zweiten Rückkehr von allen vier Enden der Erde kommen werden. Und in diesem Zusammenhang sagt er: „Der Herr wird den Heidenvölkern (Nationen) ein Banner aufpflanzen." Wir sollten gut verstehen, daß der Herr damit sagen will, daß die Rückkehr Israels in sein

Land der Verheißung für die Nationen ein Banner, also ein Zeichen, sein soll. Denn der Begriff „Banner" will zwei Dinge sagen. Erstens erhebt man ein Banner als ein Zeichen oder Signal für irgend etwas, und zweitens kann es das Zeichen sein, daß man sich darunter versammeln soll.

Kein Zweifel kann daran bestehen, daß die Rückkehr Israels in sein Heimatland für die anderen Völker ein Zeichen oder Signal sein soll, daß hier im Ablauf der Weltgeschichte etwas Besonderes geschieht. Und Gott erreichte damit Seinen Zweck. Seit dieser Zeit wird die Aufmerksamkeit der ganzen Welt immer wieder auf Israel und die es umgebenden Länder im Nahen Osten gerichtet. Seit 1948 ist Israel und seine Probleme nicht wieder aus der Aufmerksamkeit der Weltöffentlichkeit verschwunden. Seither sind andere, scheinbar größere Dinge geschehen. Kriege in vielen Teilen der Erde haben zwischenzeitlich stattgefunden. Das Bündnis zwischen Rußland und China ist zerbrochen, dafür haben die USA und China sich einander genähert. Mehr als 1 Milliarde Menschen waren allein von diesem Ereignis betroffen. Doch von diesen und vielen anderen Dingen wird kaum noch in den Massenmedien der Welt gesprochen. Aber Israel und die Nachbarländer füllen immer noch die Spalten der Zeitungen und die Nachrichtensendungen von Rundfunk und Fernsehen.

Das ist kein Zufall. Gott hat ein Banner, ein Zeichen für die Nationen aufgerichtet, durch welches Er zu allen Völkern redet. Was sagt Er denn durch dieses Zeichen? Ich glaube, Er will den Völkern besonders zwei Dinge in ihr Bewußtsein rufen: Sein Wort und Seinen Bund!

Im Blick auf Sein Wort sagt Gott zu den Völkern: Die Bibel ist Mein Wort, es ist wahr und heute noch voll gültig. Seine prophetischen Voraussagen werden auch in unserer Zeit noch bis in die letzte Einzelheit erfüllt.

Im Blick auf Seinen Bund sagt Gott: Ich bin ein Gott, der Seinen Bund und Seine Zusagen hält. Vor 4000 Jahren habe Ich mit Abraham und seinen Nachkommen einen Bund gemacht. Ich versprach, diesen Bund nicht zu brechen und habe ihn nie gebrochen. Dieser Bund besteht heute noch, und Ich bin jetzt dabei, die Zusagen dieses Bundes in der menschlichen Geschichte in Erfüllung gehen zu lassen.

Die ganze Welt muß zwei wichtige Tatsachen begreifen lernen. Erstens: Die Bibel ist das Buch, das auch für die Fragen und Probleme unserer Zeit noch die Antwort hat. Zweitens: Wenn Gott einen Bund macht, dann steht Er dazu. Gott wird Seinen Bund nie brechen! Inmitten unserer heutigen Gesellschaft, in der Worte nahezu bedeutungslos geworden sind, wo Kompromisse zur Tagesordnung gehören und wo Menschen Versprechungen und Entscheidungen nicht mehr ernst nehmen, ist es für uns besonders wichtig zu wissen, daß Gott die Zusagen, die Er in Seinem Wort gegeben hat, nie vergessen wird, sondern immer einhält. Es ist wichtig, daß die Nationen begreifen, daß Gott Sein Wort hält und zu Seinem Bund steht und alles, was Er in Seinem Wort gesagt hat, in Erfüllung gehen läßt. Alle Nationen sollten diese Tatsachen bedenken, wenn sie es nicht tun, wird es für sie zum großen Schaden sein.

ISRAEL WIRD SIEG HABEN

Jesaja zeigt weiter, daß der wiederhergestellte Staat Israel eine ganz andere Stellung einnehmen wird, als zur Zeit seiner Zerstreuung: *„Dann wird die Eifersucht Ephraims schwinden, und die, welche in Juda neidisch sind, werden ausgerottet werden; Ephraim wird nicht mehr neidisch auf Juda sein, und Juda wird Ephraim nicht mehr eifersüchtig behandeln"* (V. 11, 13).

Um diese Prophezeiung ganz zu verstehen, müssen wir bedenken, daß zur Zeit des Propheten Jesaja Israel in zwei Königreiche geteilt war. Das nördliche Reich wurde gewöhnlich Israel oder Ephraim genannt, und das südliche Königreich hieß Juda. Meistens waren die beiden Reiche verfeindet, oft führten sie Krieg gegeneinander. Diese Uneinigkeit war einer der Hauptgründe der Schwäche Israels, so daß sie immer wieder von den heidnischen Reichen rundum besiegt werden konnten. Zuerst wurde das nördliche Königreich Israel endgültig zerstört und die Bewohner in die assyrische Gefangenschaft geführt, dann, etwa 120 Jahre später, das südliche Reich Juda in die babylonische Gefangenschaft. Doch dazu sagt die Prophezeiung Jesajas, wenn die Israeliten das zweite Mal aus der Zerstreuung zurückkehren, was in unseren Tagen geschieht, wird es keine Uneinigkeit mehr geben.

Auch in diesem Punkt ist die geschichtliche Entwicklung der prophetischen Vorhersage gefolgt. Bis kurz vor der Proklamation des neuen Staates Israel im Jahre 1948 war man sich noch nicht über den Namen desselben einig, und es kam dieserhalb bei den Juden fast zu so etwas wie einer Krise. Ein vorgeschlagener Name war „Judäa". Aber im letzten Augenblick einigte man sich doch noch auf

„Israel". Dieser Name bestätigt die Erfüllung der Prophezeiung Jesajas. Historisch gesehen gehörte der Name „Judäa" nur zum südlichen Königreich. Für das ungeteilte Gesamtreich galt am Anfang der Name „Israel". In der Wahl dieses Namens kommt also die vorhergesagte Einheit des Volkes zum Ausdruck.

Das prophetische Bild der Wiederherstellung Israels geht weiter in Jesaja 11, 14: *„Sie werden den Philistern meerwärts auf die Schulter* (meint: auf die Abhänge der Berge) *fliegen, werden vereint die Bewohner des Ostens plündern; von Moab und Edom werden sie Besitz ergreifen, und die Ammoniter werden ihnen untertan sein. "*

In Kapitel 1 habe ich schon darauf hingewiesen, daß der Name „Palästina" seine Wurzel hat in dem Begriff „Land der Philister". Die Philister wohnten im südwestlichen Teil des Landes am Meer; nach Gaza hin und nach dem Sinai zu. Wenn wir auf die Landkarte schauen, müssen wir zugeben, daß bei der Zurückgewinnung des Landes im Jahre 1948 genau das geschah, was der Prophet voraussagte. Die Israelis kamen von Norden her über diese westlichen Hügel und nahmen das Land in Besitz.

Weiter sagt Jesaja im Vers 14, daß die Israelis sich dann nach Osten wenden würden. Drei Namen werden dabei besonders erwähnt: Edom, Moab und Ammon. Das sind Gebiete, die in der heutigen Zeit alle in den jetzigen Grenzen des Königreichs Jordanien liegen!

Kürzlich bemerkte einmal jemand, der Jordan sei ein seltsamer Fluß. Er sei der einzige Fluß in der Welt, der scheinbar nur ein Ufer besäße. Wenn in den Medien vom Jordan gesprochen wird, hört man immer nur von der „West Bank", also vom Westufer, niemals vom östlichen. In diesem Abschnitt hier spricht Gott aber vom Land auf der östlichen Seite des Jordans. Ich will hier keine Voraussagen machen, doch die Bibel scheint anzudeuten, daß die Israelis eher Einfluß auf der östlichen Seite des Jordans gewinnen, statt die Palästinenser oder Araber wieder auf der westlichen. Sie mögen jetzt antworten: „Das stimmt aber nicht mit den Voraussagen der Experten überein." Ganz offen — das stört mich überhaupt nicht. Es gibt in der Geschichte unseres Jahrhunderts kein anderes Thema, in dem sich die sogenannten „Experten" so oft geirrt haben, als gerade im Blick auf Israel.

GOTT WIRKT DURCH LEIDEN

In Jesaja 43, 1—7 beschäftigt sich der Prophet wieder mit der Wiederherstellung Israels:

„Jetzt aber, spricht der Herr, der dich geschaffen hat, Jakob, und der dich gebildet hat, Israel:»Fürchte dich nicht, denn Ich habe dich erlöst; Ich habe dich bei deinem Namen gerufen, du bist Mein!

So oft du durchs Wasser gehst, Ich bin bei dir; und durch Ströme, sie sollen dich nicht überfluten. So oft du durchs Feuer gehst, du sollst nicht versengt werden, und die Flamme soll dir nichts antun! Denn Ich, der Herr, bin dein Gott, Ich, der Heilige Israels, bin dein Retter.

Ich gebe Ägypten als Lösegeld für dich hin, Äthiopien und Saba an deiner Statt. Weil du kostbar bist in Meinen Augen, wertvoll für Mich, und Ich dich liebgewonnen habe, darum gebe ich Länder als Lösegeld für dich hin und Völker für dein Leben.

Fürchte dich nicht, denn Ich bin mit dir. Vom Sonnenaufgang will Ich deine Volksgenossen heimbringen und vom Sonnenuntergang dich sammeln; Ich will dem Norden gebieten: Gib sie heraus! Und dem Süden: Halte sie nicht zurück! Bringe Meine Söhne aus der Ferne heim und Meine Töchter vom Ende der Erde, alle, die nach Meinem Namen genannt sind und die Ich zu Meiner Ehre geschaffen, die Ich gebildet und hervorgebracht habe.«"

Das vorhergehende 42. Kapitel endet mit der Beschreibung der Rebellion Israels gegen Gott und des ernsten Gerichts, das deshalb über sie kam. Kapitel 43 beginnt mit *„jetzt aber"*. Dadurch wird schon angedeutet, daß jetzt eine Änderung im Verhalten Gottes Israel gegenüber eintritt — ein Wandel vom Gericht zur Gnade. *„Jetzt aber, spricht der Herr, der dich geschaffen hat, Jakob, und der dich gebildet hat, Israel:»Fürchte dich nicht, denn Ich habe dich erlöst; Ich habe dich bei deinem Namen gerufen, du bist Mein!«"*

Gott gebraucht hier zwei verschiedene Wörter, nämlich „geschaffen", und „gebildet". „Geschaffen" meint, etwas überhaupt erst ins Dasein bringen, aber „gebildet" will sagen, einer vorhandenen Sache die Form geben, die erwünscht ist; dies ist zum Beispiel die Arbeit eines Töpfers. Zuerst hat Gott Israel *geschaffen*, doch dann begann Er einen langen Prozeß, um es zu *formen*. *„So oft du durchs Wasser gehst, Ich bin bei dir; und durch Ströme, sie sollen dich nicht überfluten. So oft du durchs Feuer gehst, du sollst nicht versengt werden, und die Flamme soll dir nichts antun."*

Wieder sehen wir die Genauigkeit der biblischen Prophezeiung.

Die Beschreibung paßt genau auf die Geschichte der Juden in den vergangenen 2000 Jahren. Oft haben „Ströme" der Not sie überflutet und sind sie durch „Feuer" der Leiden und Verfolgungen gegangen. Es gibt nur eine Erklärung, daß sie all die Not dieser 2000 Jahre Verfolgung als Volk überlebt haben: Gott war mit ihnen, Er hat sie bewahrt. *„Denn Ich, der Herr, bin dein Gott. Ich, der Heilige Israels, bin dein Retter. Ich gebe Ägypten als Lösegeld für dich hin. Äthiopien und Saba an deiner Statt. Weil du kostbar bist in Meinen Augen, wertvoll für Mich, und Ich dich liebgewonnen habe, darum gebe ich Länder als Lösegeld für dich hin und Völker für dein Leben."*

Diese Verse zeigen etwas enorm Wichtiges, was ich aber nicht wage, in Einzelheiten zu betrachten. Trotzdem müssen wir erkennen, daß die Werte, nach denen Gott etwas mißt, ganz andere sind als jene Werte, die durch die humanistische Philosophie in unserer Zeit populär gemacht werden. Gott spricht hier davon, daß Er Nationen als Lösegeld für Israel geben will. Was mag dieser Gedanke beinhalten?

Statt den Versuch zu machen, darüber zu spekulieren, will ich lieber ein Beispiel aus der Heiligen Schrift angeben, das mir in etwa eine Parallele zu sein scheint. Ich denke an Hiob, bei dem Gott zuließ, daß um seiner Glaubensprüfung willen sein ganzes Vermögen und auch seine Söhne und Töchter umkamen. Warum Er dies zuließ, weiß ich auch nicht, wir sehen aber daran, daß Gottes Maßstäbe andere sind als unsere kleinen menschlichen. Wir dürfen aber auch nicht vergessen, daß Hiob, als er die Probe bestanden hatte, all sein Vermögen zweifach wieder bekam. Er schenkte ihm auch wieder genau so viele Kinder, wie er vorher gehabt hatte. Hier nicht die doppelte Anzahl, um anzudeuten, daß Gott Hiobs erste Kinder nur zu sich genommen hatte und sie ihm jetzt ersetzte. Wir sehen an Hiobs Schicksal jedenfalls, daß Gott Leiden zuläßt, um dadurch einen Plan auszuführen und ans Ziel zu kommen.

Ich glaube nicht, daß wir die menschliche Geschichte begreifen können, vor allem die unseres Jahrhunderts, wenn wir nicht erkennen, daß Gott auch schreckliche Dinge zuläßt, um Seine Pläne durchzuführen, besonders Seine Pläne mit Seinem Volk Israel. Durch Seinen Propheten Jesaja warnte Gott die Israeliten, daß Gott schreckliche Leiden zulassen würde, gab ihnen aber auch die Versicherung, daß Er in all diesen Leiden mit ihnen sein würde: *„Weil du kostbar bist in Meinen Augen, wertvoll für Mich, und Ich dich*

*liebgewonnen habe, darum gebe ich Länder als Lösegeld für dich hin
und Völker für dein Leben."*

Wenn Gott Seine Liebe erklärt, sagt Er *„weil"*, aber Er sagt nicht
„warum". Er sagt zu Israel: „Ich will dies für dich tun, *weil* Ich dich
liebe." Aber Er erklärt ihnen nicht, *warum* Er sie liebt.

Als Christen haben wir diese unerklärbare Liebe Gottes als Fundament unseres Glaubens akzeptiert. Wir glauben, daß Gott bereit
war, Seinen eigenen Sohn Jesus Christus zu geben, damit Er als das
sündlose Lamm am Kreuz für unsere Sünden starb. Wir hatten nichts
getan, dieses Opfer, das Gott für uns brachte, zu verdienen. Jesus
starb nicht für uns, weil wir es verdient hätten, sondern nur aus
einem einzigen Grund: Weil Er uns liebt. Für die Gemeinde und für
Israel gilt gleichermaßen, daß Gott uns für Seine Liebe keinen Grund
angibt, aber diese Liebe ist das eigentliche Motiv all dessen, was Er
für uns tut.

Verbunden mit dem Geheimnis der unendlichen Liebe Gottes ist
auch das Geheimnis, daß Gott zuläßt, daß jene, die Er liebt, auch
Leiden zu erdulden haben. In Jesaja 48, 10 sagt Er zu Israel: *„Wisse
wohl, Ich habe dich geläutert, aber dich nicht als Silber erfunden; Ich
habe dich geprüft im Glutofen des Leides."* Gott läßt Leiden deshalb
zu, weil das Ergebnis derselben für Ihn von unendlich hohem Wert
sein kann.

ZURÜCKGEKEHRT AUS ALLEN LÄNDERN

In Jesaja 43, 3—4 erklärt Gott, daß Seine Liebe zu Israel Sein Verhalten anderen Nationen gegenüber beeinflussen kann. In den folgenden drei Versen beschreibt Er, wie Sein Eingreifen auch Israel direkt betrifft. *„Fürchte dich nicht, denn Ich bin mit dir. Vom Sonnenaufgang will Ich deine Volksgenossen heimbringen und vom Sonnenuntergang dich sammeln; Ich will dem Norden gebieten: Gib sie heraus! und dem Süden: Halte sie nicht zurück! Bringe Meine Söhne aus
der Ferne heim und Meine Töchter vom Ende der Erde, alle, die nach
Meinem Namen genannt sind und die Ich zu Meiner Ehre geschaffen, die Ich gebildet und hervorgebracht habe."*

Wieder spricht Gott von der Heimkehr Israels von allen vier Enden der Erde. Eindeutig wird klar, daß diese Prophezeiung mit der
Rückkehr Israels aus der babylonischen Gefangenschaft nicht erfüllt
ist. Gott zeigt hier, daß Sein Plan der entscheidende Faktor in der

menschlichen Geschichte ist. Er sagt: „Ich habe Meinen Namen auf euch gelegt, deshalb seid ihr Mein. Alles, was Ich in der Geschichte tue, geschieht, weil Ich euch erwählt habe." Als Christen fällt es uns nicht schwer, die Gnade Gottes für uns persönlich in Empfang zu nehmen, doch wir erkennen nicht immer, daß Gott diese Gnade auch ganzen Völkern zuwenden kann.

Um zu verstehen, was Jesaja mit den vier Enden der Erde meint, müssen wir uns in das Land versetzen, das im Zentrum der biblischen Prophezeiungen liegt — das Land Israel. „Norden" bezieht sich dann auf das Gebiet der Erde, das nördlich von Israel liegt, und genauso ist es mit den anderen Himmelsrichtungen. Wenn wir dies bedenken, erkennen wir auch hier wieder, wie klar Jesajas Prophezeiungen im Blick auf die Rückkehr des Volkes Israel in den letzten Tagen sind.

Jesaja gebraucht hier verschiedene Wörter, um den Prozeß der Heimkehr Israels aus den verschiedenen Himmelsrichtungen zu beschreiben. In Vers 5 sagt Gott, Ich will sie vom Osten „heimbringen" und vom Westen „sammeln". Der Osten wäre in erster Linie Asien; der Westen wäre hauptsächlich Nord- und Südamerika und auch die Länder Westeuropas. Die Wörter, die hier gebraucht werden, besagen nicht, daß es größere Schwierigkeiten für die Juden geben würde, entweder aus den östlichen oder westlichen Ländern heimzukehren. Vielmehr scheint vor allem bei dem Wort, das im Blick auf den Westen gebraucht wird, angedeutet werden zu sollen, daß die Juden dort zögern, diese Länder zu verlassen und heimzukehren. Gott will sie „sammeln". All das stimmt genau mit dem Ablauf der heutigen Geschichte überein.

Wenn wir dann aber in Vers 6 weiterlesen, wird die Sache ganz anders: *„Ich will dem Norden gebieten: Gib sie heraus! und dem Süden: Halte sie nicht zurück!"*

Der Norden wäre von Israel aus vor allem Rußland, die Länder Osteuropas und evtl. einige Länder des Balkans, die Türkei und einige arabische Länder. Rußland, die größte dieser Nationen, hat auch die größte Anzahl von Juden in seinen Grenzen. Bis heute ist Rußland immer nur sehr zögernd und unwillig bereit gewesen, Juden aus seinem Land nach Israel auswandern zu lassen. Das macht es verständlich, wenn Gott sagt: „Gib sie heraus!" Dies ist ein Befehl und deutet gleichzeitig den Unwillen des Angesprochenen an.

Ähnlich ist es mit der Aufforderung, die Er an den „Süden" richtet: „Halte sie nicht zurück!", deutet an, daß auch hier nicht gerade

Bereitschaft besteht, die Juden heimkehren zu lassen. Im Süden Israels liegen viele arabische und mohammedanische Länder, die kaum etwas tun werden, Israel zu helfen. Das Wort, welches hier für „Süden" gebraucht wird, bezieht sich besonders auf das Land Jemen. Der Jemen ist ein fanatisches Moslem-Land und hegt große Feindschaft gegen Israel. Wer würde geglaubt haben, daß dieses Land fast seine gesamte jüdische Bevölkerung von fast 50 000 Menschen ziehen läßt? Aber es ist wirklich geschehen! Wir sehen auch hier wieder die Genauigkeit und Autorität des prophetischen Wortes der Bibel.

GERICHT EBNET DEN WEG FÜR GNADE

Jesaja 43 endet damit, daß Israel von Gott an seine Untreue und an das Gericht erinnert wird, das dieserhalb über sie gekommen ist. Dann beginnt das 44. Kapitel mit den Worten: „Nun aber..." Wieder folgt dem Gericht die Gnade Gottes.

„*Nun aber höre, Jakob, Mein Knecht, und du, Israel, das Ich erwählt habe! So spricht der Herr, der dich geschaffen und dich vom Mutterleib an gebildet hat, dein Helfer:* »*Fürchte dich nicht, Mein Knecht Jakob, und du, geliebtes Israel, das Ich erwählt habe*«" (Jesaja 44, 1.2).*

Zweimal finden wir hier den Ausdruck: „Israel, das Ich erwählt habe!" Damit will Gott wieder andeuten, daß die Erwählung allein durch Seine freie Gnade und Liebe zustande gekommen ist. Dann folgt eine Ermutigung: „Fürchte dich nicht...", die wohl nötig ist, wenn wir all die Gefahren und Nöte bedenken, durch die Israel ging, als es sein eigenes Land wieder in Besitz nahm.

In Vers 3 redet Gott dann von dem geistlichen Ziel, das erreicht werden soll: „*Denn wie Ich Wasser ausgieße auf das dürstende Land und Rieselfluten auf dürres Erdreich, so will ich Meinen Geist auf deinen Samen ausgieße und Meinen Segen auf deine Sprößlinge.*"

Zwar beginnt die Wiederherstellung Israels auf geographischem und politischem Gebiet, aber ihr eigentlicher Zweck ist ein geistlicher. Die Wiederherstellung ist in Gottes Augen nicht beendet, ehe sie nicht ihr geistliches Ziel erreicht hat: Die Ausgießung des Heiligen Geistes auf das Volk Israel. Im gleichen Kapitel ein wenig später bestätigt Er dann nochmals, daß die Verheißungen, die Er Israel gegeben hat, ganz gewiß erfüllt werden:

„So hat der Herr gesprochen, dein Erlöser, der dich von deiner Geburt an gebildet hat: »*Ich bin der Herr, der alles wirkt, der Ich den Himmel ausgespannt habe, Ich allein; die Erde ausgebreitet, wer war bei Mir?* der die Wunderzeichen der Schwätzer vereitelt und die Wahrsager als Narren hinstellt; der die Weisen beschämt abziehen läßt und ihr Wissen als Torheit erweist; der das Wort Seiner Knechte verwirklicht und den von Seinen Boten verkündeten Ratschluß vollführt«"* (Jesaja 44, 24—26).

Hier stellt sich Gott als der allmächtige Schöpfer vor, der volle Kontrolle über alles behält, was Er geschaffen hat. Besonders weist Er darauf hin, daß Er alles in Erfüllung gehen lassen wird, was Er durch Seine Knechte, die Propheten geredet hat. Auf der anderen Seite erklärt Er, daß jene Worte, die von törichten Menschen, die sich selbst für klug halten, gegen Ihn und Sein Wort geredet werden, nichts bedeuten und nicht eintreffen, ebensowenig wie die Worte der Wahrsager. Damit sind eindeutig auch die falschen Propheten gemeint.

Wir wollen hier nicht von den okkulten Dingen reden, von Wahrsagern, Kartenlegen, Astrologie usw., alles Dinge, vor denen Gott warnt. Aber darüber gibt es genug Bücher, und diese Dinge sind nicht das Thema dieses Buches. Gott erklärt eindeutig, wer sich mit solchen Dingen einläßt, den wird Sein Zorn und Gericht treffen.

Aber die Erklärung, daß Gott die falschen Propheten beschämen und zunichte machen will, bezieht sich auch ganz eindeutig auf die Situation im Nahen Osten. Denn die stärkste geistliche Macht, die sich heute im Nahen Osten gegen Gottes Plan und Gottes Volk stellt, ist der Islam, die mohammedanische Religion. Doch Mohammed, der Gründer des Islams, war ein falscher Prophet. Deshalb werden seine Worte und seine Religion von Gott irgendwann zunichte gemacht werden.

Es mag Menschen geben, die meine Behauptung, Mohammed sei ein falscher Prophet gewesen, bezweifeln. Solchen möchte ich ganz schlicht antworten: Wenn Jesus ein echter Prophet ist, dann war Mohammed ein falscher! Hier einige der Hauptpunkte, in denen die Lehre Mohammeds der Lehre Jesu und der Bibel widerspricht:

1. Jesus erklärt, Er sei Gottes Sohn. Der Islam lehnt den Gedanken, daß Gott einen Sohn hat, als Gotteslästerung ab. Außerdem bestreitet Er, daß Gott sich in drei Personen, Vater, Sohn und Heiliger Geist, offenbaren kann.

2. Im Zentrum des christlichen Glaubens stehen die Kreuzigung und Auferstehung Jesu. Der Islam bestreitet, daß Jesus tatsächlich am Kreuz gestorben oder nach Seinem Tode wieder auferstanden sei.
3. Jesus sagt, Er sei gekommen, das Gesetz und die Propheten zu erfüllen (Matthäus 5, 17). Der Islam behauptet, er allein sei die wahre Erfüllung und Vervollkommnung der Offenbarung des Alten und Neuen Testaments.
4. Jesus versprach Seinen Nachfolgern, Er würde ihnen einen „anderen Tröster" senden (Johannes 14, 15—17.26). Wir als Christen wissen, daß Er dabei vom Kommen des Heiligen Geistes am Pfingsttag sprach. Der Islam behauptet, Mohammed sei der andere Tröster, von dem Jesus sprach.
5. Das Alte Testament, das Jesus als Autorität anerkannte, erklärt deutlich, daß Abraham auf Morija seinen Sohn Isaak auf einem Altar opfern wollte (1. Mose 22, 9—12). Der Islam behauptet, Ismael sei der Sohn gewesen, den Abraham habe opfern wollen.

Wir könnten noch viele andere Gegensätze zwischen den Lehren des Islam und denen der Bibel aufzählen, doch das würde den Rahmen dieses Buches sprengen. Im Nahen Osten wirken sich diese Gegensätze heute besonders aus. Es gibt eine starke geistliche Kraft, welche die Nationen des Nahen Ostens in fanatischer und unnachgiebiger Feindschaft gegen Israel und das Zustandekommen des Planes Gottes vereinigt — und das ist der Islam.

Es ist heute gebräuchlich, alle Nationen des Nahen Ostens „Araber" zu nennen. Doch das stimmt gar nicht. Die Araber sind Semiten, also mit Abraham und den Israeliten Nachkommen Sems. Die Einwohner der Länder Nordafrikas aber, wie Ägypten, Lybien, Tunesien, Marokko, Algerien, der Sudan, sind meist Hamiten, keine Semiten. Sie sind völlig anderer Abstammung als die echten Araber. Auch die Einwohner des Irans sind Perser, keine Araber.

Es stimmt zwar, daß im 7. und 8. Jahrhundert unserer Zeitrechnung mohammedanische Armeen von Arabien aus große Gebiete Nordafrikas eroberten. Als Ergebnis davon haben sich die Einwohner dieser Gebiete zum Islam bekehrt. Doch das bedeutet noch nicht, daß sie nun der Abstammung nach Araber geworden wären. Zwar sind von damals her ein Teil der arabischen Eroberer im Lande geblieben, doch ein großer Teil der Bevölkerung sind keine Araber.

Die eigentliche Kraft, die alle sogenannten „arabischen" Nationen vereinigt, ist keine der Abstammung, sondern eine geistliche. Es ist eine Religion, keine Rasse. Es ist der Islam! Die ablehnende Haltung der Lehre Mohammeds gegenüber Jesus und der Bibel findet ihren logischen Ausdruck in der Feindschaft der islamischen Nationen gegenüber Israel und den Auswirkungen des Planes Gottes, wie die Bibel ihn beschreibt. Deshalb ist die Auseinandersetzung im Nahen Osten in erster Linie eine geistliche und erst zweitrangig eine nationale oder ökonomische. Dies sollten wir gut verstehen!

Doch der Gott Israels wird die Zeichen und Anschläge der falschen Propheten vereiteln. Wenn die menschliche Geschichte zu Ende geht, wird es auch mit der falschen Offenbarung des falschen Propheten Mohammed ein Ende nehmen. Nur das, was auf dem unerschütterlichen Felsen der Bibel erbaut ist, wird bestehen.

Jesaja 44, 25 zeigt noch eine andere Quelle der Opposition gegen die prophetischen Offenbarungen der Bibel, nämlich die falschen Meinungen und Ansichten der Klugen und Weisen dieser Welt, deren Wissen sich als Torheit erweist. Gott wird dafür sorgen, daß diese Meinungen der Klugen dieser Welt auch ganz deutlich als Torheiten erkennbar werden.

Dazu nur ein Beispiel: Es gibt wahrscheinlich in unserer Welt kein Buch, das mehr Wissen menschlicher Klugheit und Gelehrtheit enthält, als die ,,Encyclopedia Britannica``. Ich las einmal in der Ausgabe von 1911 einen Artikel von einem sehr gelehrten deutschen Professor über die Aussprache des alten Hebräisch. Ich kann es nicht wörtlich wiedergeben, aber dem Sinn nach schrieb er: ,,Die Möglichkeit, daß wir jemals die richtige Aussprache des alten Hebräisch wieder entdecken, ist genauso hoffnungslos wie die Möglichkeit, daß im Nahen Osten jemals wieder ein jüdischer Staat entstehen wird.`` Das wurde 1911 geschrieben, 37 Jahre später geschah, was der gelehrte Professor lächerlich machte und als unmöglich hinstellte. Alle Klugheit dieses gelehrten Professors war nun zur Torheit geworden. Warum? Weil er etwas behauptete, das im Gegensatz zu den Aussagen von Gottes prophetischem Wort steht. Gottes Prophezeiungen stehen und werden sich erfüllen!

In Jesaja 46, 9.10 bestätigt Gott nochmals, daß Er der Herr über alles Geschehen ist und daß Er Sein prophetisches Wort im Laufe der Geschichte einlösen wird:

,,Denkt an die früheren Geschehnisse zurück von der Urzeit her, daß Ich Gott bin und sonst keiner, eine Gottheit, der nichts vergleichbar ist! Ich habe von Anfang an den Ausgang kundgetan und seit der Vorzeit das, was noch ungeschehen war; ich gebiete: »Mein

Ratschluß soll zustande kommen«, und alles, was Mir beliebt, führe Ich aus.''

Wir sollten nicht vergessen, daß es der allmächtige Gott ist, der hier redet. Er kann am Anfang schon auf das Ende hinweisen; Sein Plan wird ausgeführt, und Er wird alles tun, was Er sich vorgenommen hat. Die Frage ist nicht, ob Gottes Wort in Erfüllung geht, sondern wie wir uns auf die Auswirkungen des Wortes Gottes in der Geschichte der Menschheit und in unserem eigenen Leben einstellen.

5. Kapitel

Der Prozeß der Sammlung

Im vorhergehenden Kapitel hatten wir gesehen, daß das prophetische Wort der Bibel Gottes Absicht klar zeigt, das Volk Israel wieder zu sammeln und den Staat Israel wieder herzustellen. Doch damit läßt es Gottes Wort nicht genug sein, es zeigt vielmehr auch, *wie* Gott diesen Plan durchführen will.

Vor allem der Prophet Jeremia zeigt uns in einer ganzen Reihe von prophetischen Bildern, wie dieser Wiederherstellungsprozeß vor sich gehen soll. In Jeremia 16, 14—16 spricht der Prophet von einem „zweiten Auszug". Seine Prophezeiung hat zwei Teile. Im ersten sagt er, daß der zweite Auszug so groß sein wird, daß man den ersten unter Mose aus Ägypten darüber in den Hintergrund rückt. Im zweiten Teil beschreibt er, welche Methoden Gott verwenden will, um diesen zweiten Auszug zustande zu bringen.

DER ZWEITE AUSZUG

Zuerst wollen wir einen Blick auf Jeremias Prophezeiung vom zweiten Auszug tun und auf seinen Vergleich zum ersten Auszug: *,,Darum wisset wohl, es kommt die Zeit",* so lautet der Ausspruch des Herrn, *»da wird man nicht mehr sagen: So wahr der Herr lebt, der die Kinder Israel aus dem Lande Ägypten hergeführt hat!, sondern: So wahr der Herr lebt, der die Kinder Israel hergeführt hat aus dem Nordlande und aus all den Ländern, wohin Er sie verstoßen hatte! Denn Ich werde sie in ihr Land zurückbringen, das Ich ihren Vätern gegeben habe«"* (Jeremia 16, 14.15).

Für jeden, der die Geschichte und Kultur der Juden kennt, ist diese Erklärung des Propheten wahrhaft erstaunlich. Mehr als 3000 Jahre haben die Juden in ihrem jährlichen größten Fest, dem Passah-Fest, an das größte Ereignis in ihrer Geschichte gedacht: den Auszug ihres Volkes unter der Führung von Mose aus Ägypten. Doch Jeremia sagt hier, daß eine Zeit kommen soll, wo die Erinnerung an dieses mächtige Ereignis verblassen wird gegenüber einem noch viel größeren Auszug aus allen Völkern der Erde, vor allem aber aus dem Nordland. Wir haben schon gesehen, daß mit dem ,,Norden" Rußland, Polen, Deutschland und andere Länder dieser Gegend gemeint sind. Jeremia sagt hier also, daß die Sammlung der Israeliten aus diesen Ländern und aus allen anderen ein viel größeres Wunder sein wird, als ihre erste Befreiung aus Ägypten unter Mose.

Es ist klar erkennbar, daß Jeremia mit solchen Worten nach viel größeren Ereignissen Ausschau hält, als es die Rückkehr der Juden aus der babylonischen Gefangenschaft war. Wenn wir andererseits die Worte Jeremias mit der Sammlung der Juden in diesem Jahrhundert vergleichen, ist meine persönliche Meinung, daß seine Beschreibung genau den Tatsachen entspricht, die wir miterleben, obwohl diese Sammlung noch längst nicht abgeschlossen ist.

Gewiß war der Auszug des Volkes Israel unter Mose aus Ägypten von ehrfurchterregenden Wundern begleitet. Für die heutige Rückkehr der Juden dagegen in ihr Land Israel ist es viel schwieriger, ein einzelnes geschlossenes Bild zu zeichnen, da die Juden aus vielen verschiedenen Ländern in ihr Heimatland zurückkehren und sich diese Rückkehr über viele Jahrzehnte in verschiedenen Gruppen erstreckt. Doch wenn wir die politischen, wirtschaftlichen und menschlichen Umstände bedenken, die mit der zweiten Rückkehr verbunden sind, kommen wir zu dem Schluß, daß es hier nicht weniger Wunder gegeben hat als beim Auszug aus Ägypten, eher mehr.

Im nächsten Vers beschreibt Jeremia dann, wie Gott die Rückkehr der Juden, vor allem aus dem Land im Norden, zustande bringen will: ,,*Wisset wohl, Ich will zahlreiche Fischer entbieten, so lautet der Ausspruch des Herrn, die sollen sie wie Fische fangen; und danach will Ich zahlreiche Jäger entbieten, die sollen sie aufjagen von jedem Berge hinweg und von jedem Hügel weg und aus den Felsenklüften heraus*" (16, 16).

Es war meine erste Frau Lydia, die jetzt schon beim Herrn ist, die mich vor einigen Jahren darauf hinwies, daß dies genau das ist, was mit den Juden geschah; vor allem in Deutschland vor und während des 2. Weltkriegs. Zuerst sandte Gott Fischer, und nach ihnen sandte

Er Jäger. Ein Fischer versucht Beute zu machen, vor allem ein Angler, indem er einen Köder auslegt oder Netze auswirft und die Fische zu sich zieht; ein Jäger aber treibt von hinten durch die Furcht, die er seiner Beute einjagt. Genau in dieser Reihenfolge geschahen die Dinge in Europa, vor allem in Deutschland.

Zuerst sandte Gott die Fischer in Gestalt der Zionisten aus Palästina, die riefen: „Kommt zu uns zurück in euer Heimatland, solange es noch Zeit ist. Die Lage für euch kann nur schlimmer werden, nicht besser." Alle, die auf diese Botschaft hörten, verließen ihre bisherigen Länder in denen sie wohnten und kehrten in das Land Israel zurück. Als niemand mehr auf die Fischer hören wollte, sandte Gott die Jäger. Wir müssen zugeben, daß Gott manchmal auch in der Lage ist, rücksichtslose Gewalttaten zuzulassen. Wenn Er Sein Ziel erreichen will, greift Er zu den Methoden, die nötig sind. In diesem Falle waren die Nazis die Jäger. Hier soll selbstverständlich das Handeln der Nazis oder anderer Völker, die ebenfalls die Juden unterdrücken und verfolgen, nicht entschuldigt werden. Im Gegenteil, alle, die das tun, machen sich einer abscheulichen Sünde schuldig, denn sie wenden sich gegen Gottes erwähltes Volk, das Er liebt. Gott läßt dies auch nie ungestraft, was der Ausgang des 2. Weltkriegs beweist, an dessen Ende Deutschland total zerschmettert am Boden lag. So geht es allen Verfolgern des Volkes Gottes. Es soll hier nur gesagt werden, daß Gott auch die Feindschaft anderer Völker Seinem eigenen Volk gegenüber benutzen kann, Seine Pläne zum Ziel zu bringen.

Im Jahre 1966 predigte ich in West-Berlin. Mein Thema war das Ende unseres Zeitalters. Ich führte viele biblische Beispiele an, die klar zeigen, daß dieses Ende nahe gekommen ist. Eines der Ereignisse, die ich erwähnte, war die Rückkehr der Juden in ihr Heimatland. Es waren mehr als 500 Deutsche in jenem Gottesdienst. An diesem Punkt meiner Predigt zitierte ich den oben erwähnten Vers aus Jeremia 16, 16. Während mein Übersetzer den Vers auf Deutsch las, einer Sprache, die ich recht gut verstehe, wurde mir plötzlich bewußt, daß ich vor Menschen des Volkes stand, auf die diese Beschreibung „Jäger" besonders zutraf. Wie konnte ich den Text jetzt näher erklären, ohne meine Zuhörer unnötig zu verärgern? Unter den Zuhörern hatte sich eine ungewöhnliche Spannung ausgebreitet, sie hatten klar begriffen, wohin diese Worte zielten. Ich überlegte kurz und sagte dann einfach: „Viele von euch sind in besonderem Maße Augenzeugen der Erfüllung dieser Prophezeiung geworden. Besser als andere wißt ihr, wie wahr diese Worte sind." Mehr brauchte ich nicht zu sagen. Niemand konnte leugnen, wie genau Gottes Wort schon vor Jahrtausenden beschrieben hatte, was in unserem Jahrhundert geschah.

IN DES TÖPFERS HAND

In Jeremia 18, 1—6 schildert der Prophet uns ein anderes Bild, auf welche Weise Gott in der Endzeit mit Seinem Volk ans Ziel kommen will. Diesmal stellt sich Gott als Töpfer vor:

,,Das Wort, welches an Jeremia vom Herrn erging, lautete folgendermaßen:»Mache dich auf und gehe in das Haus des Töpfers hinab, denn dort will Ich dir Meine Weisungen kundtun.« So ging ich denn in das Haus des Töpfers und fand ihn gerade mit einer Arbeit auf der Töpferscheibe beschäftigt; und wenn das Gefäß, das er anfertigte, mißriet, wie das bei dem Ton unter der Hand des Töpfers vorkommt, so machte er wieder ein anderes Gefäß daraus, wie es dem Töpfer eben gut erschien.

Da erging das Wort des Herrn an mich folgendermaßen:»Habe Ich nicht das Recht, wie dieser Töpfer da mit euch zu verfahren, ihr vom Hause Israel? Wisset wohl, wie der Ton in der Hand des Töpfers, ebenso seid ihr in Meiner Hand, ihr vom Hause Israel.«"

Haben Sie je einem Töpfer zugeschaut? In Israel kann man das heute noch an manchen Orten. Ich erinnere mich noch, wie ich eines Tages zuschaute. Mit den Füßen drehte er das Rad, während er mit den Händen auf der Scheibe den Ton zu einem Gefäß formte. Während ich zuschaute, begriff ich das Prinzip. Der Töpfer gebrauchte den Druck der Scheibe, um dem Gefäß die rechte Form zu geben. Das erinnerte mich an die eben angeführte Bibelstelle. Gott erklärt hier, daß Israel das Gefäß ist, und Er selbst der Töpfer. Als Er Israel das erste Mal nach Seinem Willen formte, mißlang das Gefäß. Deshalb warf Er es aber nicht weg, sondern sagte: ,,Ich werde es von neuem in ein anderes Gefäß formen, ein noch besseres als vorher.''

Genau dies geschieht heute. Gott ist dabei, aus dem Volke Israel ein besseres Gefäß als vorher zu machen und setzt es deshalb unter Druck. Betrachten Sie einmal Israels Geschichte während der letzten vier Jahrzehnte. Das Volk hat beständig unter Druck gestanden — wirtschaftlichem Druck, militärischem Druck, psychologischem Druck, politischem Druck und geistlichem Druck. Wieso geschieht dies? Es ist keineswegs Zufall, sondern Gott ist dabei, Sein Volk so zu formen, wie es Ihm am besten scheint.

GEBURTSWEHEN EINER NEUEN ZEIT

In Jeremia 30, 1—7 spricht der Prophet wieder von Israels Sammlung:

„Das Wort, das vom Herrn an Jeremia erging, lautete folgendermaßen: »*So spricht der Herr, der Gott Israels: Schreibe dir alle Worte, die Ich zu dir geredet habe, in ein Buch! Denn wisse wohl, es kommt die Zeit, da werde Ich das Geschick Meines Volkes Israel und Juda wenden und sie in das Land zurückführen, das Ich ihren Vätern gegeben habe. Sie sollen es wieder in Besitz nehmen.*«*

Dies aber sind die Worte, die der Herr in betreff Israels und Judas ausgesprochen hat; ja, so hat Er gesprochen: »*Banges Geschrei vernehmen wir, Entsetzen voller Unheil! Fragt doch nach und seht zu, ob auch ein Mannsbild in Kindesnöte kommen kann? Warum sehe ich denn alle Männer die Hände in die Hüften stemmen wie Frauen in Kindesnöten und alle Gesichter in Totenblässe verwandelt? Ach wehe, gewaltig ist jener Tag, keiner ist ihm gleich; und eine Zeit der Not ist's für Jakob, doch er wird aus ihr gerettet werden!*«*"*

Gott fordert Jeremia ausdrücklich auf, niederzuschreiben, was Er ihm zeigt, damit es später vorhanden ist, wenn die Zeit der Erfüllung kommt. Ich glaube, wir leben heute in dieser Zeit der Erfüllung.

Nochmals bestätigt Gott Seinem Volk, daß Er es wieder sammeln wird. Doch gleichzeitig warnt Er Israel, daß es dabei zunächst einmal nicht zu dem ersehnten Frieden kommt, sondern daß erst Angst und Schrecken und Zeiten der Not über Israel kommen werden. So stark wird der Druck werden, daß starke Männer sich benehmen wie „Frauen in Kindesnöten". Doch all diese Gerichtswehen tragen dazu bei, daß eine Zeit der Gerechtigkeit und des Friedens anbrechen kann.

In Matthäus 24, 4—13 bezieht sich Jesus auf diese Prophezeiung Jeremias. Auch Er sagt, daß sie am Ende dieses Zeitalters erfüllt werden wird. In Vers 7 spricht Er von der Zunahme weltweiter Kriege, von Hungersnöten und Erdbeben. Dann fügt Jesus in Vers 8 hinzu: *„Dies alles ist aber erst der Anfang der Wehen."* Jesus erweitert dann gleichzeitig die Prophezeiung Jeremias. Während der Prophet von Israel und dem Nahen Osten redet, bezieht Jesus die ganze Welt mit ein.

Jeremia redet dann weiter von der Wiederherstellung Israels und erklärt, daß Gott Seinem Volk Seine reiche Gnade zuteil werden lassen will, genauso, wie Er sie vorher unter Sein Gericht gebracht hat:

*„Wisset wohl, es kommt die Zeit — so lautet der Ausspruch des
Herrn — da will Ich über das Haus Israel und über das Haus Juda
eine Saat von Menschen und eine Saat von Vieh ausstreuen. Und wie
Ich die Augen offen über ihnen gehalten habe, um auszureißen und
zu zerstören, um niederzureißen und zu verderben und Unheil anzu-
richten, ebenso will Ich alsdann über ihnen wachen, um aufzubauen
und zu pflanzen, so lautet der Ausspruch des Herrn."*

Durch meine akademischen Studien war ich, ehe ich ein christlicher Pastor wurde, von Beruf Philosoph. In dieser Fakultät war Logik mein beliebtestes Fach. Später, bei meinen Bibelstudien, habe ich
dann festgestellt, daß die Logik der Bibel überzeugender ist als alle
menschliche Logik. Dies wird in diesen Versen hier wieder einmal besonders klar. Gott erklärt, Er will, genauso wie Er Gericht und Unheil über Israel hat kommen lassen, dann, wenn Er Sein Ziel erreicht
hat, Gnade, Friede und Segen über Sein Volk bringen. So wie Er das
eine tat, wird Er auch das andere tun. Welch klare logische Erklärung. Niemand kann bei einer solchen Logik versuchen, diese Verheißungen Gottes auf eine andere Gruppe von Menschen anzuwenden,
als auf das Volk Israel. Wer es dennoch versucht, tut der logischen
Aussage der Bibel Gewalt an.

EIN NEUER BUND

Wir sahen schon, daß Gottes eigentliches Ziel die Wiederherstellung
Israels ist. In Jeremia 31, 31—34 wird nun deutlich, daß der eigent-
liche Zweck ein geistlicher ist. Denn Gott will einen neuen Bund mit
Israel machen.

*„»Wisset wohl, es kommt die Zeit«, so lautet der Ausspruch des
Herrn, »da will Ich mit dem Hause Israel und mit dem Hause Juda
einen neuen Bund schließen; nicht einen solchen Bund, wie Ich ihn
mit ihren Vätern damals geschlossen habe, als Ich sie bei der Hand
nahm, um sie aus Ägyptenland wegzuführen, einen Bund, den sie gebrochen haben, wiewohl Ich Herrenrechte über sie hatte! Nein, sondern darin soll der Bund bestehen, den Ich mit dem Hause Israel
nach dieser Zeit schließen werde:
Ich will Mein Gesetz in ihr Inneres hineinlegen und es ihnen ins
Herz schreiben und will dann ihr Gott sein, und sie sollen Mein Volk
sein. Da braucht dann niemand mehr seinem Genossen und niemand
seinem Bruder Belehrung zu erteilen und ihm vorzuhalten: Lernt den
Herrn erkennen!, denn sie werden Mich allesamt erkennen, die*

Kleinsten wie die Größten. Denn Ich will ihnen ihre Schuld vergeben und ihrer Sünde nicht mehr gedenken«, so lautet der Ausspruch des Herrn."

Gott erklärt hier, daß Israel den ersten Bund gebrochen hat, doch zur Zeit der Sammlung und Wiederherstellung des Volkes wird Er einen neuen Bund mit ihnen machen. In Jeremia 50, 4.5 redet der Prophet nochmals von diesem neuen Bund:

,,»In jenen Tagen und zu jener Zeit«, so lautet der Ausspruch des Herrn, »werden die Kinder Israel heimkehren, sie im Verein mit den Kindern Juda; unter unaufhörlichem Weinen werden sie daherkommen und den Herrn, ihren Gott, suchen. Zum Zion erfragen sie den Weg, dorthin sind ihre Blicke gerichtet. Kommt, schließt euch an den Herrn an zu einem ewigen, unvergeßlichen Bund!«"

Hier sehen wir, daß Israel und Juda nach dem ,,Weg zum Zion" fragen werden. Sie werden dadurch in die neue Bundes-Gemeinschaft mit ihrem Gott geführt. Und diesmal soll es ein ewiger Bund sein. Dies bedeutet doch wohl, Israel wird als Volk für immer Bestand haben. Die göttliche Garantie dafür finden wir in Jeremia 31, 35—37:

,,So hat der Herr gesprochen, der die Sonne zur Leuchte am Tage bestellt hat, die Ordnungen des Mondes und der Sterne zur Erleuchtung bei Nacht, der das Meer aufwühlt, so daß seine Wogen brausen, Herr der Heerscharen ist Sein Name: »*Wenn diese festen Ordnungen jemals vor Mir zu bestehen aufhören, dann soll auch die Nachkommenschaft Israels aufhören, ein Volk vor Meinen Augen zu sein für alle Zeiten!*« *So hat der Herr gesprochen:* »*So wenig der Himmel droben ausgemessen und die Grundfesten der Erde darunter durchspäht werden können, so wenig will Ich auch die gesamte Nachkommenschaft Israels verwerfen wegen all dessen, was sie begangen haben*«*, so lautet der Ausspruch des Herrn."*

Die Bedingungen der Garantie sind klar: Solange die Sonne, der Mond und die Sterne in ihren Bahnen bleiben, solange wird auch Israel als Volk bleiben. Was immer sie auch gegen Gott getan haben, Er wird sie nicht endgültig verwerfen. In Jeremia 33, 7—8 bestätigt Gott nochmals, daß Sein endgültiges Ziel kein geographisches oder politisches, sondern ein geistliches ist:

,,Ich will das Geschick Judas und das Geschick Israels wenden und sie wieder aufbauen wie vordem und will sie von all ihrer Verschuldung reinigen, mit der sie gegen Mich gesündigt haben, und will ihnen alle Missetaten vergeben, die sie gegen Mich begangen haben und durch die sie Mir untreu geworden sind."

Ganz klar sagt Gott also, daß Israel durch Buße und Vergebung wieder endgültig mit Ihm versöhnt wird. Wir leben heute in der Zeit, wo Er Israel zu dieser Erkenntnis und Buße führt. Trotz dieser eindeutigen Erklärungen des Wortes Gottes gibt es aber immer noch bestimmte Menschen und sogar Christen, die glauben, Gott habe Israel endgültig verworfen. Diesen Menschen sagt Gott ganz deutlich:

„Weiter erging das Wort des Herrn an Jeremia folgendermaßen: »Hast du nicht darauf geachtet, was diese Leute da behaupten, wenn sie sagen: Die beiden Geschlechter, die der Herr einst erwählt hat (Israel und Juda), die hat Er jetzt verworfen! Und wie sie Mein Volk verachten, so daß es in ihren Augen gar kein Volk mehr ist?« So spricht der Herr: »So gewiß Mein Bund mit Tag und Nacht besteht, so gewiß Ich die Ordnungen des Himmels und der Erde festgesetzt habe, ebenso gewiß will Ich auch die Nachkommenschaft Jakobs und Meines Knechtes David nicht verwerfen, ... denn Ich werde ihr Geschick wenden und Mich ihrer erbarmen«" (Jeremia 33, 23—26).

Gott weist hier also ganz klar die Meinung mancher Christen und sogar Theologen zurück, Israel sei endgültig verworfen. Er bestätigt, daß Israel immer noch Sein Volk ist und daß Er ihnen ihr Land und Seine Gunst wieder schenken wird.

DER ENDZWECK: GOTTES VERHERRLICHUNG

Hesekiel, einer der anderen großen Propheten Israels, spricht ebenfalls an vielen Stellen von der Wiederherstellung des Volkes Gottes. Das gesamte 36. Kapitel ist diesem Thema gewidmet. In den Versen 22 und 23 zeigt er den Endzweck, den Gott dabei im Auge hat:

„Darum sage zum Hause Israel: »So hat Gott der Herr gesprochen: Nicht um euretwillen, Haus Israel, greife Ich ein, sondern um Meines heiligen Namens willen, den ihr unter den Heidenvölkern überall entehrt habt, wohin ihr gekommen seid. So will Ich denn Meinen großen Namen, der unter den Heiden entheiligt worden ist, weil ihr ihn unter ihnen entheiligt habt, wieder zu Ehren bringen, damit die Heiden erkennen, daß Ich der Herr bin, wenn Ich Mich vor ihren Augen an euch als den Heiligen erweise«" (Hesekiel 36, 22.23).

Wir werden vielen Mißverständnissen im Blick auf die Wiederherstellung Israels aus dem Wege gehen, wenn wir den Gedanken dieser Verse klar verstehen: Gott macht Israel nicht deshalb wieder zu einer selbständigen Nation, weil sie es vielleicht verdient hätten. Er macht im Gegenteil klar, daß sie es nicht verdient haben. Aber Gott will durch Israels Wiederherstellung Seinen Namen unter den Nationen verherrlichen, der durch Israels Untreue so lange verunehrt wurde. Gottes Verherrlichung ist der endgültige und auch völlig ausreichende Grund für alles, was Er tut.

So, wie sich Gott der nationalen Wiederherstellung Israels widmet, so widmet Er sich auch einer gewaltigen geistlichen Erneuerung Seiner neutestamentlichen Gemeinde, der Kirche Jesu Christi. Wir müssen zugeben, daß die Kirche Christi diese Erneuerung genauso wenig verdient wie Israel. Wenn wir die Geschichte Israels und die der Kirche vergleichen, dürfte es schwer fallen, festzustellen, wer mehr versagt und Gott verunehrt hat. Doch in beiden Fällen schenkt Gott Erneuerung aus Seiner großen Gnade und Barmherzigkeit heraus.

Christen fällt es gewöhnlich nicht schwer, zu verstehen, daß die Juden Gottes Gnade nicht verdient haben. Sie würden aber vielleicht überrascht sein, wenn sie wüßten, daß die Juden von ihrem Standpunkt aus ebenso davon überzeugt sind, daß die Kirche die Gnade Gottes nicht verdient hat. Doch in beiden Fällen ist es nicht die Frage des Verdienstes, sondern der Liebe und unwandelbaren Treue Gottes.

Nachdem Gott Seinen endgültigen Grund erklärt hat, fährt Er fort zu zeigen, wie Er dieses Ziel erreichen will: *,,Ich will euch also aus den Heidenvölkern herausholen und euch aus allen Ländern sammeln und euch in euer Land zurückbringen. Dann will Ich reines Wasser über euch sprengen, damit ihr rein werdet. Von all euren Befleckungen und von all eurem Götzendienst will Ich euch reinigen''* (Hesekiel 36, 24.25).

Diese Verse bestätigen das vorher Gesagte. Zuerst kommt die geographische und politische Wiederherstellung, doch der Endzweck ist eindeutig ein geistlicher.

EIN NEUES HERZ UND EIN NEUER GEIST

Im gleichen Kapitel wird uns noch deutlicher gezeigt, wie Gott von der politischen auf die geistliche Ebene umschalten will: *,,Ich will euch ein neues Herz verleihen und euch einen neuen Geist eingeben. Das steinerne Herz will Ich aus eurer Brust herausnehmen und euch dafür ein Herz von Fleisch verleihen''* (Hesekiel 36, 26).

Es ist meine persönliche Überzeugung, daß wir in der Zeit leben, wo Gott diesen Prozeß in den Juden begonnen hat. Seit 1942, als ich das erste Mal nach Jerusalem kam, stehe ich in fortwährender Verbindung mit vielen Juden. (Um nur ein Beispiel zu erwähnen: Unter den adoptierten Kindern unserer großen kombinierten Familie zählen meine Frau Ruth und ich allein neun jüdische.) Seit 1942 bis heute habe ich eine große Veränderung unter vielen Juden im Blick auf das Wirken des Heiligen Geistes und auf die Person Jesu Christi festgestellt. Würde man mich nach einem bestimmten Ereignis fragen, von dem an dieser Wandel besonders bemerkbar geworden ist, so würde ich das Jahr 1967 nennen, das Jahr des Sechs-Tage-Krieges, als die Israelis wieder die politische Kontrolle über die Altstadt Jerusalems errangen. Von dieser Zeit an habe ich bei vielen Juden eine neue Offenheit der Person Jesu gegenüber festgestellt. Zum ersten Mal seit vielen Jahrhunderten beginnen sie, Jesus für ihr Volk in Anspruch zu nehmen und als einen der ihren zu betrachten. Neue Bücher über Jesus, von jüdischen Autoren verfaßt, erscheinen laufend in Israel.

Der Zustand eines ,,steinernen Herzens'' kam über Israel als ein Gericht Gottes wegen ihres fortwährenden hartnäckigen Ungehorsams und ihrer Untreue. Nur Gott kann dieses Gericht wieder wenden und ihnen das ,,fleischerne Herz'' geben. Mit diesem neuen ,,fleischernen Herzen'' ausgestattet sind die Juden auch in der Lage, Gottes Heiligen Geist zu empfangen und auf Sein Wirken einzugehen. Denn dies ist dann der nächste Schritt des Wiederherstellungswerkes Gottes, wie uns Hesekiel im nächsten Vers sagt: *,,Ich will Meinen Geist in euer Inneres geben und will solche Leute aus euch machen, die nach Meinen Satzungen wandeln und Meine Weisungen beobachten und tatsächlich ausführen''* (Hesekiel 36, 27).

Eine wichtige Wahrheit, die in der Bibel immer wieder klargemacht wird, ist, daß wir niemals Gottes Gebote und Gesetze halten können durch unsere eigene Anstrengung und durch unseren eigenen Willen. Es gibt nur eine Kraft, die uns dazu befähigt, und das ist die Kraft des Heiligen Geistes! Dies wird auch in dem Bibelwort klar, das wir hier eben aus Hesekiel zitierten. Gott will den Israeliten *zuerst* den Heiligen Geist geben, und *dann* werden sie nach Seinen Satzungen wandeln und Seinen Willen tun. Ich glaube, einer der größten Fehler, den die Juden durch die Jahrhunderte hindurch gemacht haben, war es, zu versuchen, die Gesetze Gottes allein durch die Kraft ihres eigenen Willens zu halten. Doch viele Christen machen ja genau den gleichen Fehler. Die Wahrheit ist, daß niemand in der Lage ist, den Willen Gottes ohne die Kraft des Heiligen Geistes zu tun, sei er Jude oder Christ.

Diese Lektion habe ich durch persönliche Erfahrung gelernt. Ich bin als Anglikaner geboren und in der Anglikanischen Kirche Englands aufgewachsen. Mit 15 Jahren, ich war damals Student im Eton-Kollege, wurde ich mit anderen konfirmiert. Der Bischof von Oxford war bei diesem Gottesdienst selbst anwesend. Am Ende der Zeremonie war ich fest entschlossen, von nun an ein viel besseres Leben zu führen als bisher. Diesen Entschluß meinte ich wirklich ehrlich. Doch was geschah? Gerade das Gegenteil davon! Etwa sechs Monate habe ich gekämpft und mir wirklich Mühe gegeben. Doch da ich den Geboten Gottes gegenüber immer ungehorsamer und sündiger wurde, gab ich es endlich auf und sagte: ,,In meinem Leben funktioniert es jedenfalls nicht. Es hat keinen Zweck."

Die Wurzel des Problems (das verstand ich allerdings erst später) lag darin, daß ich versuchte, Gott in meiner eigenen Kraft zu gehorchen und nicht durch die Kraft des Heiligen Geistes. Später bekehrte ich mich und übergab mein Leben Jesus Christus. Und dann, etwa zehn Jahre nach meiner Konfirmation, während des 2. Weltkriegs, erlebte ich die Erfüllung mit der Kraft des Heiligen Geistes. Das war der Schlüssel für meine Probleme, die ich vorher nicht lösen konnte. Von dem Augenblick an war es kein vergeblicher Kampf mehr, zu versuchen den Willen Gottes zu tun, sondern es wurde mir zur Freude, Gott zu gehorchen. Es war die Kraft des Heiligen Geistes in mir, die diese Veränderung bewirkt hatte. Aus meiner eigenen Erfahrung heraus kann ich deshalb die Verheißung Gottes sehr gut verstehen und glauben, wie Er sie in Hesekiel 36, 27 gibt, daß Er die Juden mit Seinem Heiligen Geist erfüllen will und sie dadurch zum rechten Gehorsam gegenüber Seinen Geboten und Gesetzen kommen.

Wenn das Volk Israel dann mit dem Heiligen Geist erfüllt ist und im rechten Gehorsam Gott gegenüber steht, geht Gott einen Schritt weiter und bestätigt ihnen nochmals Seine Verheißungen und die auf der Grundlage der Fülle des Heiligen Geistes erneuerte und nun noch vertiefte Gemeinschaft mit Ihm selbst: ,,Dann sollt ihr wohnen bleiben in dem Lande, das Ich euren Vätern gegeben habe. Ihr sollt Mein Volk sein, und Ich will euer Gott sein" (Hesekiel 36, 28).

Beachten Sie bitte nochmals die Reihenfolge dieser Verheißung, die so wichtig ist: Das Entscheidende ist nicht, daß sie wieder in dem Lande der Verheißung leben, sondern daß ihre Gemeinschaft mit Gott wiederhergestellt und noch vertieft ist!

EIN BLICK AUF DEN ANBRUCH
DES NEUEN TAGES

Wir wollen die Verheißungen Gottes für die Wiederherstellung Israels zusammenfassen und uns dazu dem Propheten Amos zuwenden. Von allen israelitischen Propheten war es Amos, der die Sünden und die Untreue Israels am härtesten anklagt und am schärfsten von den Gerichten Gottes redet. Israels Sünden und Gottes Gericht sind das Hauptthema seines Buches, das wir in allen 9 Kapiteln wiederfinden. Doch die letzten Verse im 9. Kapitel zeigen einen dramatischen Wandel von den Androhungen der Gerichte Gottes zu den Verheißungen der Gnade. Liest man das Buch Amos, so ist es, als ginge man durch einen langen dunklen Tunnel, an dessen Ende ein helles Licht leuchtet.

Für unseren jetzigen Zweck genügt es, wenn wir die beiden letzten Verse betrachten: *„Dann will Ich auch das Geschick Meines Volkes Israel wenden, daß sie die verwüsteten Städte wieder aufbauen und darin wohnen, daß sie Weinberge anpflanzen und den Wein von ihnen trinken, daß sie Gärten anlegen und deren Früchte genießen. Dann will Ich sie in ihren Boden fest einpflanzen, und sie sollen nicht wieder ausgerissen werden aus ihrem Grund und Boden, den Ich ihnen gegeben habe. Der Herr, dein Gott, hat es verheißen"* (Amos 9, 14.15).

Vers 14 enthält vier Voraussagen, die vor unseren Augen heute in Erfüllung gehen. Erstens: *„Ich will das Geschick Meines Volkes Israel wenden."* Das erleben wir seit Jahrzehnten mit. Nach Jahrtausenden der Vertreibung hat Israel wieder seinen eigenen Staat.

Zweitens: *„Sie werden die verwüsteten Städte wieder aufbauen und darin wohnen."* Es gibt in unserer Zeit viele Beispiele dafür, daß die Israelis gerade dort, wo früher alte historische Städte gelegen haben, neue Städte und Siedlungen aufbauen. Hier einige solcher Beispiele: Arad (siehe 4. Mose 21, 1); Beerseba (1. Mose 21, 1); Gilo (2. Samuel 15, 12) und vier Städte, die ursprünglich den Philistern gehörten: Askalon, Asdod, Gath (1. Samuel 6, 17) und Beth-San (1. Samuel 31, 10).

Drittens: *„Sie werden Weinberge anpflanzen und den Wein von ihnen trinken."* Seit die Juden in ihr Land zurückkehrten, sind große Mengen Weinberge in den verschiedenen Gebieten des Landes angelegt worden. Zur Zeit der Makkabäer war Israel seines Weines wegen berühmt, und heute blüht der Weinanbau wieder.

Viertens: *,,Sie werden Gärten anlegen und deren Früchte genießen."* Die Israelis unserer Zeit sind Gartenliebhaber. In den Städten und auch auf dem Lande findet man überall neu angelegte Gärten. Und sie bauen nicht nur Gemüse und Früchte für ihren eigenen Bedarf, sondern exportieren diese auch in viele Länder der Erde. Als ich noch britischer Soldat in Palästina war, hörte ich oft sogenannte ,,Experten" sagen: ,,Die Juden verstehen nichts von der Landwirtschaft, sie werden auf diesem Gebiet nie etwas erreichen. Nur vom Geld verstehen sie alles." Sieht man heute die Entwicklung Israels, muß man über solche Behauptungen lachen. Israel ist heute die erfolgreichste Agrarnation der Welt, aber was ihr Geld angeht, scheinen sie nicht in der Lage zu sein, die Inflation aufzuhalten.

Wenn wir die erfüllten Prophezeiungen des 14. Verses so vor uns sehen, können wir auch sicher sein, daß der 15. Vers in Erfüllung geht: *,,Ich will sie in ihren Boden fest einpflanzen, und sie sollen nicht wieder ausgerissen werden aus ihrem Grund und Boden, den Ich ihnen gegeben habe. Der Herr, dein Gott, hat es verheißen"* (Amos 9, 15).

Zweimal in der zurückliegenden Geschichte hat Israel das verheißene Land schon betreten und sich darin niedergelassen. Das erste Mal, als sie unter Mose und Josua aus Ägypten kamen und Palästina in Besitz nahmen. Das zweite Mal, als sie aus der babylonischen Gefangenschaft zurückkehrten. Doch beide Male konnten sie nicht für immer bleiben, sondern wurden wieder ,,ausgerissen". Doch diesmal wird es anders sein, davon bin ich fest überzeugt, weil die Bibel ein Buch ist, auf dessen Aussagen man sich fest verlassen kann. Und deshalb wird diesmal Israel das Land auch für immer besitzen und *,,nicht wieder ausgerissen werden"!*

6. Kapitel

Die Zeit der Heiden

Bis jetzt haben wir alle Prophezeiungen im Blick auf die Wiederherstellung Israels nur aus dem Alten Testament genommen. Unsere Betrachtungen wären aber nicht vollständig, wenn wir nicht auch einbeziehen wollten, was das Neue Testament zu diesem Thema zu sagen hat. Die lange Linie der hebräischen Propheten hat ihren Gipfelpunkt in Jesus. Was sagt Er über Israels Wiederherstellung? Die Antwort finden wir hauptsächlich in Seiner großen prophetischen Rede, die Er kurz vor Seiner Verhaftung und Kreuzigung auf dem Ölberg hielt.

Diese Rede wird in drei Evangelien — Matthäus 24, Markus 13 und Lukas 21 — wiedergegeben. Jeder der drei Schreiber betont andere Aspekte derselben Rede besonders und rückt sie ins Licht. Deshalb muß man, um ein vollständiges Bild zu bekommen, alle drei nebeneinander stellen. Wir werden uns hier hauptsächlich mit der von Lukas wiedergegebenen Version beschäftigen, da in ihr am direktesten von der Zerstreuung und Wiederherstellung Israels gesprochen wird.

Der direkte Anlaß zu Seiner Rede war eine Aussage, die Jesus über den Tempel machte: *,,Was ihr da anschaut, es werden Tage kommen, an denen kein Stein auf dem anderen liegen bleibt, der nicht niedergerissen wird''* (Lukas 21, 6), sagt Jesus über den Tempel zu Seinen Jüngern.

Als die Jünger nun vom Ölberg herab die ganze Pracht des Tempels vor sich liegen sahen, fragten sie Jesus Seiner Worte wegen: *,,Meister, wann wird dies denn geschehen, und welches ist das Anzeichen dafür, wann dies eintreten wird?''* (Lukas 21, 7).

Matthäus berichtet noch von einer zweiten Frage der Jünger in diesem Zusammenhang: *,,Und welches ist das Zeichen Deiner Ankunft und der Vollendung der Weltzeit?''* (Matthäus 24, 3).

Die Jünger waren der Ansicht, ihre zwei Fragen gehörten zur selben Zeit. Sie meinten, die Zerstörung des Tempels würde andeuten, daß das Ende dieses Zeitalters gekommen sei. Wir, die wir heute auf 2000 Jahre Geschichte seither zurückschauen, sehen es anders. Wir wissen, daß die Zerstörung des Tempels 70 n. Chr. stattfand, aber das Ende bis jetzt noch nicht gekommen ist.

ZEICHEN DES ENDES

In der Antwort Jesu, wie wir sie bei Lukas finden, beschäftigt Er sich zunächst mit der Frage der Jünger bezüglich des Endes des Zeitalters. Er warnt erst einmal vor bestimmten Dingen, die *nicht* das Ende anzeigen: *,,Jesus antwortete: »Seht zu, daß ihr nicht irregeführt werdet! Denn viele werden unter Meinem Namen kommen und sagen: Ich bin es (Christus oder der Messias), und: Die Zeit ist nahe! Lauft ihnen nicht nach! Wenn ihr ferner von Kriegen und Aufständen hört, so laßt euch dadurch nicht erschrecken! Denn das muß zuerst kommen, aber das Ende ist dann noch nicht sogleich da«"* (Lukas 21, 8.9).

Es werden uns also zweierlei Ereignisse gezeigt, die nicht unbedingt auf das Ende des Zeitalters hinweisen. Erstens das Kommen vieler falscher Messiasse; zweitens Kriege und Revolutionen. Die Worte Jesu sind wahr geworden. Die jüdische Geschichte berichtet von mehr als 40 falschen Messiassen seit der Zeit Jesu. Einen von ihnen, Sabbatai Zevi, habe ich als Beispiel im 2. Kapitel dieses Buches erwähnt. Aus der Weltgeschichte wissen wir ebenso, daß es immer Kriege und Revolutionen und Aufstände gegeben hat. Das sind nicht unbedingt Zeichen des Endes.

In den Versen 10 und 11 spricht Jesus dann von Zeichen, auf die sie achten sollen, und zwar erwähnt Er fünf verschiedene Gruppen von Ereignissen, die auf das Ende hindeuten: *,,Hierauf fuhr Jesus fort: »Ein Volk wird sich gegen das andere erheben und ein Reich gegen das andere; auch gewaltige Erdbeben werden stattfinden und hier und da Hungersnöte und Seuchen; auch schreckhafte Erscheinungen und große Zeichen vom Himmel her werden erfolgen"* (Lukas 21, 10.11).

Wenn diese fünf Gruppen von Ereignissen zusammen auftreten und immer mehr zunehmen, deuten sie auf das Nahen des Endes hin: Es sind erstens große internationale Kriege, zweitens große Erdbeben, drittens zunehmende Hungersnöte, viertens Seuchen und unbekannte Krankheiten, erschreckende und ungewöhnliche Erscheinungen am Himmel.

In Vers 12 beginnt ein neuer Abschnitt der Rede Jesu mit den Worten: *„Aber ehe dies alles geschieht . . ."* *„Dies alles"* bezieht sich auf die Dinge, von denen Er in den Versen 8—11 gesprochen hat. Jesus hat in die Zukunft geschaut zu den Ereignissen, die das Ende des Zeitalters anzeigen. Doch nun kehrt Er zu der Situation in Seiner eigenen Zeit zurück. Er klärt die Jünger, die mit Ihm auf dem Ölberg sind, über die Ereignisse auf, die ihnen selbst noch widerfahren werden:

„Aber ehe alles dies geschieht, wird man Hand an euch legen und euch verfolgen, indem man euch an die Synagogen und Gefängnisse überantwortet und euch vor Könige und Statthalter führt um Meines Namens willen. Da wird euch dann Gelegenheit geboten werden, Zeugnis abzulegen.

So beherzigt dann wohl, daß ihr euch nicht im voraus Sorge über die Art eurer Verteidigung macht; denn Ich selbst werde euch Redegabe und Weisheit verleihen, der alle eure Widersacher nicht zu widerstehen noch zu widersprechen imstande sein sollen. Ihr werdet aber sogar von Eltern und Geschwistern, von Verwandten und Freunden überantwortet werden, ja man wird manche von euch töten, und ihr werdet alle um Meines Namens willen verhaßt sein. Doch es soll kein Haar von eurem Haupte verloren gehen; durch standhaftes Ausharren werdet ihr euch das Leben gewinnen" (Lukas 21, 12—19).

Es ist für unser Thema nicht nötig, näher auf diesen Abschnitt einzugehen. Es genügt zu sehen, daß alles, was Jesus hier voraussagte, in den ersten Jahrhunderten der Geschichte der Kirche geschehen ist und noch bis heute geschieht.

DIE ZERSTÖRUNG DES TEMPELS

In Lukas 21, 20 kommt Jesus auf die ursprüngliche Frage der Jünger zurück: „Wann werden diese Dinge geschehen? Und was werden die Zeichen dafür sein?" Erinnern wir uns, es ging bei diesen Fragen um die Zerstörung des Tempels. In den Versen 20—23 spricht Jesus von drei Dingen: der Stadt Jerusalem, dem Land Israel und dem Schicksal der Juden:

„Wenn ihr aber Jerusalem von Kriegsheeren umlagert seht, dann erkennet daran, daß seine Zerstörung nahe bevorsteht. Dann sollen die (Gläubigen) in Judäa ins Gebirge fliehen und die Bewohner (Jerusalems) auswandern und die auf dem Lande Wohnenden nicht in die Stadt hineingehen; denn dies sind Tage der Vergeltung, damit alles in Erfüllung gehe, was in der Schrift steht. Wehe den Frauen, die in jenen Tagen guter Hoffnung sind, und den Müttern, die ein Kind zu nähren haben.“

Hier spricht Jesus von den Ereignissen, die zur Zerstörung des Tempels und der ganzen Stadt Jerusalem führen werden. *„Wenn ihr aber Jerusalem von Kriegsheeren umlagert seht, dann erkennt daran, daß die Zerstörung nahe bevorsteht.“* Nun gibt er Seinen Jüngern einen dringenden Rat, nämlich dann die Stadt Jerusalem und das ganze jüdische Gebiet zu verlassen und an einen Ort außerhalb Judäas zu fliehen.

Die Geschichte bestätigt die Richtigkeit der Worte Jesu. Als die römischen Legionen im Jahre 70 n. Chr. begannen Jerusalem zu belagern, hoben sie die Belagerung kurzzeitig auf und zogen an andere Orte. Die Juden in Jerusalem und den umliegenden Gegenden, die Jesus als ihren Herrn und Messias anerkannt hatten, erinnerten sich an die Mahnung Jesu von der Zerstörung Jerusalems und flohen nach Pella, einer Stadt außerhalb Judäas. Dort überlebten sie. Kurz darauf kehrten die Römer zurück, nahmen die Belagerung Jerusalems wieder auf, bis sie die Stadt erobert hatten. Sie zerstörten die Stadt und den Tempel vollständig. Mehr als eine Million Juden wurden in diesem Krieg getötet, und viele wurden als Sklaven verkauft.

In Vers 22 sagt Jesus, dies seien „Tage der Vergeltung, damit alles in Erfüllung gehe, was in der Schrift steht“. Besonders warnt Er „schwangere Frauen und stillende Mütter“. Jesus bezieht sich dabei auf die Warnungen, die den Juden im Alten Testament durch ihre eigenen Propheten gegeben wurden. Wir könnten viele anführen, wollen aber nur eine, die sehr ernst und deutlich ist, hier wiedergeben:

„Der Herr wird gegen dich aus der Ferne, vom Ende der Welt, ein Volk heranführen ... mit wildtrotzigem Angesicht, das auch auf einen Greis keine Rücksicht nimmt und mit keinem Kinde Erbarmen hat. Es wird den Ertrag deines Viehstandes und den Ertrag deines Feldes verzehren, bis du vertilgt bist, da es dir vom Getreide, vom Wein und Öl, vom Wurf deiner Rinder und vom Nachwuchs deines Kleinviehs nichts übriglassen wird, bis es dich zugrunde gerichtet hat. Es wird dich in all deinen Städten belagern, bis deine hohen und star-

*ken Mauern gefallen sind, auf die du dein Vertrauen setzt, in deinem
ganzen Lande gefallen sind; und es wird dich in all deinen Städten belagern, in deinem ganzen Lande, das der Herr, dein Gott, dir gegeben
hat.*

*Da wirst du dann in der Angst und Bedrängnis, in die dein Feind
dich versetzen wird, deine leiblichen Kinder verzehren, das Fleisch
deiner Söhne und Töchter, die der Herr, dein Gott, dir geschenkt
hat. Sogar der an Wohlleben und größte Üppigkeit gewöhnte Mann
bei dir wird dann auf seinen Bruder und das Weib an seinem Busen
und auf den Rest seiner Kinder, die er noch übrigbehalten hat, voll
Mißgunst blicken, so daß er keinem von ihnen etwas von dem Fleisch
seiner Kinder abgibt ... Sogar die an Wohlleben und größte Üppigkeit gewöhnte Frau bei dir, die vor Verzärtelung und Verweich-
lichung noch nie versucht hat, ihre Fußsohle auf die Erde zu setzen,
auch deren Auge wird voll Mißgunst blicken auf den Mann an ihrem
Busen und auf ihren Sohn und ihre Tochter und wird ihnen die
Nachgeburt mißgönnen, die aus ihrem Schoß hervorgeht, und die
Kinder, die sie zur Welt gebracht hat, denn bei dem Mangel an allem
wird sie diese heimlich verzehren in der Angst und Bedrängnis, in die
dich dein Feind ... versetzt hat"* (5. Mose 28, 49—57).

Alles, was Mose hier voraussagte, ist den Juden während der römischen Invasion und Belagerung Jerusalems wirklich widerfahren.
Wir können dies in Einzelheiten bei dem jüdischen Geschichtsschrei-
ber Josephus Flavius nachlesen. In seinem Bericht von der Belagerung Jerusalems berichtet Josephus unter anderem von einer jüdischen Frau aus einer reichen Familie mit Namen Maria, die Tochter
Eleasars. Sie war so verzweifelt vor Hunger, daß sie ihren kleinen
Sohn, den sie noch stillte, tötete und briet und zur Hälfte aß. Jüdische Soldaten, die vom Geruch des gebratenen Fleisches angezogen
wurden, stürmten in den Raum, um sich von dem Fleisch zu holen.
Die verzweifelte Mutter streckte ihnen ihren schon halb aufgegesse-
nen Sohn entgegen. Doch selbst diese abgehärteten Kämpfer schreck-
ten davor zurück und verließen eiligst den Raum. Es war, wie es
Mose vorhergesagt hatte.

ZEITEN DER NOT

*Mit den Versen 23 und 24 beschließt Jesus diesen Teil Seiner Rede,
der sich besonders mit Jerusalem, dem Volk Israel und ihrem Land
beschäftigt:* ,,*Denn große Not wird im Lande herrschen und ein
Zorngericht über dieses Volk ergehen; und sie werden durch die
Schärfe des Schwertes fallen und in die Gefangenschaft unter alle
Heidenvölker weggeführt werden; und Jerusalem wird von Heiden
zertreten werden, bis die Zeiten der Heiden abgelaufen sind"* (Lukas
21, 23.24).

Wie genau, wirklich bis auf den letzten Buchstaben, sind diese
Worte doch an dem Volke Israel und seinem Land in Erfüllung
gegangen.

Manchmal rückt die Bibel mit einem einzigen Satz zwei wichtige
Ereignisse aneinander, die zeitlich zwar weit auseinanderliegen, aber
eigentlich zusammengehören. Dies ist in Lukas 21, 24 ebenfalls so.
Vom Anfang bis zur endgültigen Erfüllung dieser Voraussage sind es
mehr als 1900 Jahre. Der Vers beginnt mit der Eroberung Jerusalems
durch die Römer und der Wegführung der Juden, und endet mit der
zu Ende gehenden Zeit der Heiden oder Nationen. Die drei Verse, die
unmittelbar folgen, zeigen uns schon den wiederkommenden Menschensohn:

,,*Dann werden Zeichen an Sonne, Mond und Sternen in Erschei-
nung treten und auf der Erde wird Verzweiflung der Völker in rat-
loser Angst beim Brausen des Meeres und seines Wogenschwalls
herrschen, indem Menschen den Geist aufgeben vor Furcht und in
banger Erwartung der Dinge, die über den Erdkreis kommen werden, denn die Kräfte des Himmels werden in Erschütterung geraten.
Und hierauf wird man den Menschensohn in einer Wolke kommen
sehen mit großer Macht und Herrlichkeit"* (Lukas 21, 25—27).

Wir sind nun so weit, daß wir die Voraussagen Jesu im Blick auf
Jerusalem, auf das jüdische Volk und das Land Israel zusammenfassen können. In folgender Reihe werden sie uns berichtet:

1. Die Zerstörung des Tempels und der Stadt Jerusalem.
2. Es folgt eine lange Zeit, die ,,Zeit der Heiden", in der Jerusalem
   unter der Herrschaft anderer Völker sein wird.
3. Eine kurze Periode weltweiten Aufruhrs, Not und Verderben, die
   in der ,,Wiederkunft des Menschensohnes" gipfelt.

Jesus erklärt hier außerdem, das Ende der „Zeit der Heiden" würde durch eine Veränderung der Situation, in der Jerusalem sich befindet, angezeigt. Um welche Veränderung handelt es sich dabei?

HERRSCHAFT ÜBER JERUSALEM

In Lukas 21, 24 sagt Jesus, Jerusalem werde *„von den Heiden zertreten"*. Der Gebrauch des Wortes *„zertreten"* zeigt an, daß es nicht in Ordnung ist, wenn andere Nationen als Israel über Jerusalem herrschen. Von der Zeit Davids an hatte Gott die Verantwortung für diese einzigartige Stadt den Juden anvertraut. Es gab jeweils nur einen Grund, daß Jerusalem in andere Hände überging: Den Ungehorsam Seines Volkes Israel. Doch es ist eigentlich nicht der Wille Gottes, daß Jerusalem in anderen Händen ist. Die Geschichte zeigt uns, daß Jerusalem immer dann wuchs und blühte, wenn es unter jüdischer Herrschaft war, kam es unter die Herrschaft anderer Völker, verfiel es jedesmal.

Aus dieser Tatsache wird klar, daß sich die „Zeit der Heiden" auf die Periode bezieht, in welcher Jerusalem nicht von den Juden, sondern von anderen Völkern beherrscht und regiert wird. Von der Zeit der Eroberung und Zerstörung Jerusalems durch die Römer bis in die Mitte unseres Jahrhunderts, also rund 1900 Jahre lang, wurde Jerusalem neben den Römern von mindestens zehn anderen Nationen beherrscht, darunter das Byzantinische Reich, die Perser, die Araber, die Kreuzfahrer, das Türkische Reich, die Briten und die Jordanier.

In der Voraussage Jesu ist aber ein Wort, das uns zeigt, daß die Herrschaft anderer Nationen über Jerusalem nicht für immer währen wird. Jesus sagt: *„bis"* — *„bis die Zeiten der Heiden abgelaufen sind"*. Das bedeutet doch, am Ende der Zeit der Heiden oder der Nationen wird Jerusalem wieder unter die Herrschaft der Juden kommen. Können wir sagen, daß dieses Ereignis eingetreten ist?

Ehe wir diese Frage beantworten, müssen wir den Ort bestimmen, den Jesus mit „Jerusalem" meint. In allererster Linie handelt es sich natürlich um die Tempelzone. Zweitens ist der größte Teil des Gebiets — nicht alles — westlich und nördlich des Tempels gemeint, das jetzt von den Mauern der Altstadt umgeben wird. Drittens gehört dazu ein Gebiet nach Westen und Süden hin, das jetzt nicht innerhalb der Mauern der Altstadt liegt. Es umschließt den Berg Zion und den

Hang zum Teich Siloah hinunter, den man heute die „Stadt Davids" nennt.

Nachdem wir das Gebiet des alten Jerusalem umrissen haben, heißt die Frage: Wer regiert heute über dieses Gebiet? Die Antwort muß ohne Zweifel lauten: Die Israelis! Das bringt uns zur nächsten Frage: Zu welchem Zeitpunkt ging die Kontrolle über dieses Gebiet wieder aus der Hand der Nationen in die Hand der Israeliten über? Wieder steht die Antwort unzweifelhaft fest. Es war im Juni 1967, als Ergebnis des Sechs-Tage-Krieges.

Natürlich gibt es bisher noch eine kleine Ausnahme. Der Staat Israel regiert zwar das ganze Jerusalem, aber über einen kleinen Teil davon, den allerheiligsten oder allerwichtigsten Teil, hat er bisher noch keine absolute Kontrolle. Es handelt sich um die Tempelzone, auf der immer noch der Felsendom und die islamische Al-Akhsa-Moschee stehen. Dieses Gebiet ist immer noch in der Hand der Araber. Die jüdische Souveränität ist dort noch begrenzt.

Doch auch wenn wir dies alles bedenken, bleibt die Tatsache bestehen, daß seit 1967 Jerusalem wieder von den Juden beherrscht wird und den Händen der Nationen entrissen ist. Vielleicht gingen wir zu weit, wenn wir sagten, damit sei die „Zeit der Nationen" zu Ende. Aber wir können sicherlich sagen, dieses Ereignis war der „Anfang vom Ende der Zeit der Heiden".

Zu unserer Lebzeit hatten wir das Vorrecht, die zwei wichtigsten Erfüllungen biblischer Prophezeiungen nach dem ersten Jahrhundert unserer Zeitrechnung mitzuerleben: Die erste war die Wiedergeburt des Staates Israel im Mai 1948, und die zweite die Wiederaufrichtung jüdischer Herrschaft über Jerusalem im Juni 1967.

VOM BLICKPUNKT DES HIMMELS

Bis jetzt haben wir alles aus der horizontalen Ebene, vom menschlichen Standpunkt aus, betrachtet. Ich möchte jedoch dieses Kapitel mit dem Bericht einiger Erlebnisse beenden, die ein Freund von mir hatte. Wir können dadurch vielleicht unser Blickfeld erweitern. Mein Freund — ich will ihn Pastor W. nennen — ist ein international bekannter Bibellehrer von erprobter Nüchternheit und geistlicher Reife. Folgendes erzählte er mir:

Irgendwann Ende der fünfziger oder Anfang der sechziger Jahre unseres Jahrhunderts nahm Pastor W. an einer Hausgebetsversammlung teil. Während sie beteten, schenkte Gott ihm in einer Vision einen Blick in den Himmel. Er sah eine große Schar Engel, die auf die Erde herabblickten. Sie verfolgten eifrig irgend welche Ereignisse, die auf der Erde geschahen, und hatten offensichtlich den Wunsch, daran teilzunehmen. Doch ein goldenes Seil war quer vor den Engeln ausgespannt und hielt sie im Himmel zurück. Pastor W. fragte sich, was dieses Gesicht bedeuten sollte.

Einige Jahre später, während einer anderen Gebetsversammlung, hatte er eine ähnliche Vision von Engeln im Himmel, die von einem goldenen Seil zurückgehalten wurden. Diesmal aber wurde, während er zusah, das goldene Seil beiseite getan. Sofort machten sich die Engel mit offensichtlicher Freude auf den Weg zur Erde. Pastor W. konnte aber nicht sehen, was die Engel auf Erden vorhatten.

Pastor W. nahm an, ihm sei gezeigt worden, daß Engel ihnen in ihrer Arbeit zu Hilfe kommen würden. Er fing also an, seinen Freunden zu erzählen, in der Gegend, wo er die beiden Visionen gehabt hatte, würde bald ein gewaltiges Wirken des Heiligen Geistes zu spüren sein. Doch die Zeit ging dahin, und nichts Besonderes geschah. Pastor W. war enttäuscht und verwundert zugleich. Doch die Visionen waren so klar gewesen, daß er an ihrer Richtigkeit nicht zweifeln konnte. Sie mußten also etwas anderes bedeutet haben.

Er dachte immer wieder darüber nach, und nach längerer Zeit kam ihm der Gedanke, einmal die größeren Weltereignisse zu überprüfen, die sich in der Zeit zugetragen hatten, als er die Vision das zweite Mal sah, in der den Engeln gestattet wurde, an den Ereignissen auf der Erde teilzunehmen. Vielleicht gab es unter diesen Ereignissen etwas, woran auch der Himmel besonders interessiert war. Er forschte nochmals nach dem genauen Datum, an dem die Gebetsversammlung stattgefunden hatte und entdeckte dann, es war genau der gleiche Tag, an dem in Israel der Sechs-Tage-Krieg ausbrach.

Als Pastor W. mir dies erzählte, beeindruckte es mich ungeheuer. Es bestätigte mir, was mir durch meine biblischen Studien klar geworden war, besonders Jesu Wort aus Lukas 21, 24. Der Sechs-Tage-Krieg war ein entscheidender Wendepunkt in der menschlichen Geschichte. Israel hatte die Herrschaft über Jerusalem wiedergewonnen und die ,,Zeit der Heiden" ging nun zu Ende. Man konnte schon fast die Morgendämmerung eines neuen Zeitalters erahnen.

Zwei Gedanken möchte ich noch äußern, die mir anhand von Lukas 21, 24 und der Vision von Pastor W. wichtig wurden:

Erstens: Wenn die Engel im Himmel so erfreut waren, daß Jerusalem wieder im Besitz Israels ist, dann sollte Gottes Volk auf Erden, die Gemeinde Jesu Christi, sich mindestens genauso darüber freuen.

Zweitens: Wenn die Kontrolle Jerusalems durch Israel ein so wichtiger Schritt zu dem großen Ziel ist, Gottes Herrschaft auf Erden wieder endgültig aufzurichten, können wir auch verstehen, warum es von verschiedenen Religionen, selbst von christlicher Seite teilweise, und von verschiedenen politischen Richtungen so viel Widerstand dagegen gibt. Satan merkt, daß seine Herrschaft auf Erden wieder ein Stück mehr bedroht ist, und er tut alles, was er kann, um dagegen anzukämpfen. Doch wir, als Gottes Volk, als Gemeinde Jesu, sollten die Taktik des Satans durchschauen. Wir sollten im Licht der Bibel die Absicht Gottes und auch die Absicht des Satans klar erkennen. Und wenn wir sie erkannt haben, dann sollten wir Stellung beziehen für die Sache Gottes und für Sein Volk Israel.

7. Kapitel

Wem gehört das Land?

Wir müssen uns nun mit einer Frage auseinandersetzen, die in der heutigen Politik höchst umstritten ist. Es geht dabei um ein relativ kleines Stück unserer Erde, das als Kanaan, Land Israel, das Heilige Land oder Palästina bekannt ist. Ein Teil dieses Landes ist heute im Besitz des Staates Israel, den Rest besitzen die vier Nationen, die Israel umgeben: Libanon, Syrien, Jordanien und Ägypten. Diese Nationen stehen zusammen mit den anderen arabischen Nationen des Nahen Ostens Israel feindselig gegenüber. Die meisten von ihnen bestreiten, daß Israel überhaupt ein Recht auf Palästina hat.

Von beiden Seiten, Israel und den arabischen Nationen, werden immer wieder verschiedene Ansprüche aufgestellt und mit verschiedenen Abschnitten der historischen Entwicklung des Landes begründet. Es ist allerdings nach Lage der Dinge zweifelhaft, ob es in der heutigen Zeit irgendeinen menschlichen Gerichtshof gibt, der anhand der verschiedenen Ansprüche, der verschiedenen beteiligten Parteien und der Geschichte der Vergangenheit ein Urteil fällen könnte, das alle Beteiligten befriedigt. Deshalb wollen wir hier eine höhere Autorität befragen: Die Bibel, Gottes Wort! Wer die Autorität der Bibel anerkennt, für den gibt es keinerlei Zweifel, wem das Land gehört.

Zunächst einmal erklärt die Bibel etwas Grundsätzliches über alles Land dieser Erde: *„Dem Herrn gehört die Erde und ihre Fülle, der Erdkreis und seine Bewohner"* (Psalm 24, 1).

Durch das Schöpfungsrecht ist Gott der Besitzer der gesamten Erde und allem, was darauf ist. Deshalb hat Gott auch das absolute Recht, die ganze Erde oder Teile davon bestimmten Menschen oder Völkern zu geben. Obwohl also Gott die gesamte Erde gehört, gibt es ein Stück, auf das Er besondere Ansprüche erhebt: das Land Israel. Es gibt eine ganze Anzahl Stellen in der Bibel, wo Gott gerade dieses

Gebiet „Mein Land" nennt. Für unsere Zwecke soll es genügen, wenn wir uns zwei dieser Stellen ansehen.

Die erste finden wir in Hesekiels Prophezeiungen, daß Israel am Ende der Zeit von Norden her durch den Staatenbund von Gog und Magog angegriffen wird. Gott sagt hier: *„Du wirst gegen Mein Volk Israel heranziehen wie eine Wetterwolke, um das Land zu bedecken. Am Ende der Tage wird es geschehen, daß Ich dich gegen Mein Land zu Felde ziehen lasse, damit die Heidenvölker Mich kennen lernen, wie Ich Mich vor ihren Augen an dir, Gog, als der Heilige erweise"* (Hesekiel 38, 16). Wir finden hier, daß Gott eindeutig von *„Meinem Volk Israel"* uns von *„Meinem Land"* redet.

Die zweite Stelle finden wir in Joel 4, 2. Auch hier redet Gott durch den Propheten: *„Da will Ich alle Heidenvölker versammeln und sie in das Tal Josaphat hinabführen, um dort mit ihnen ins Gericht zu gehen wegen Israel, Meines Volkes und Meines Eigentums, weil sie es unter die Heiden zerstreut und Mein Land aufgeteilt haben"* (Joel 4, 2).

Aus den beiden eben aufgeführten Bibelstellen erkennen wir, daß Gott an dem Land Israel besondere Eigentumsrechte geltend macht. Und zwar betont Er dies vor allem, wenn Er, wie in diesen Stellen, von den anderen Nationen spricht. So, als wolle Er den anderen Nationen besonders klar machen, daß sie hier keine Rechte haben, sondern allein Israel.

EIN EWIGER BUND

Als absoluter Eigentümer des Landes Kanaan hat Gott es einer besonderen Gruppe gegeben, nämlich Abraham und seinen Nachkommen. Das macht Gott ganz klar mit den Worten:

„Ich will Meinen Bund errichten zwischen Mir und dir und deinen Nachkommen nach dir, Geschlecht für Geschlecht, als einen ewigen Bund, um dein Gott zu sein und deiner Nachkommen nach dir. Und Ich will dir und deinen Nachkommen nach dir das Land, in dem du als Fremdling weilst, nämlich das ganze Land Kanaan, zum ewigen Besitz geben und will ihr Gott sein" (1. Mose 17, 7.8).

Gott benutzt deutliche Worte, um Seinen Willen klar zu machen. Er sagt, das *„ganze Land"* und *„zum ewigen Besitz"*. In der weitergehenden Geschichte finden wir dann, daß es sich bei Abrahams Nachkommen, die das Land besitzen sollten, um Isaak, nach ihm

Jakob (Israel) und das aus seinen Kindern entstehende Volk handelt. Auch Isaak, nicht Ismael, verspricht Gott das Land, nachdem Abraham gestorben ist, noch einmal ganz eindeutig:

„Bleibe als Fremdling in diesem Lande wohnen; Ich will mit dir sein und dich segnen; denn dir und deinen Nachkommen will Ich alle diese Länder geben und so den Eid erfüllen, den Ich deinem Vater Abraham geschworen habe: »Ich will deine Nachkommen so zahlreich werden lassen wie die Sterne am Himmel und will deinen Nachkommen alle diese Länder geben; und in deiner Nachkommenschaft sollen alle Völker der Erde gesegnet werden«" (1. Mose 26, 3.4).

Zweimal benutzt Gott den Ausdruck: „Alle diese Länder", um damit zu zeigen, daß es Gebiete waren, die zu jener Zeit noch von verschiedenen Völkern bewohnt waren. Auch Jakob (Israel) bekommt als Enkel Abrahams die Verheißung, das Land von Gott erhalten zu haben, nochmals ausdrücklich von Gott bestätigt:

„Weiter sagte Gott zu ihm: »Ich bin der allmächtige Gott; sei fruchtbar und mehre dich! Ein Volk, ja eine ganze Menge von Völkern soll aus dir werden, und Könige sollen unter deinen leiblichen Nachkommen sein. Und das Land, das Ich Abraham und Isaak gegeben habe, will Ich dir geben und es auch deiner Nachkommenschaft nach dir verleihen«" (1. Mose 35, 11.12).

Wenn wir diese drei Stellen aus 1. Mose zusammen betrachten, wird ganz klar, daß Gott das Versprechen gegenüber Abraham, ihm das ganze Land zum Besitz zu geben, dann auf Abrahams Nachkommen Isaak und Jakob (Israel) übertragen hat und auf dessen Nachkommen, die, wie wir alle wissen, das Volk Israel sind. Und dieser Bund Gottes mit Abraham, ihm das Land zu geben, wird in der Bibel immer wieder als „Ewiger Bund" beschrieben. Besonders klar wird das an folgender Bibelstelle:

„Er, der Herr, ist unser Gott, über die ganze Erde ergehen Seine Gerichte. Er gedenkt Seines Bundes auf ewig, des Wortes, das Er geboten auf tausend Geschlechter, den Er mit Abraham geschlossen, und des Eides, den Er Isaak geschworen, den für Jakob Er als Satzung bestätigt und für Israel als ewigen Bund, da Er sprach: »Dir will ich Kanaan geben, das Land, das Ich euch als Erbbesitz zugeteilt«" (Psalm 105, 7—11).

Zwei wichtige Punkte wollen wir in diesem Abschnitt beachten. Wieder betont Gott, daß der mit Abraham geschlossene Bund im Blick auf das Land über Abrahams Nachkommen auf das Volk Israel übergeht.

Als zweites hebt Gott ausdrücklich hervor, daß dieser mit Abraham geschlossene Bund ein *ewiger* ist, den Gott mit Seinem Eid bestätigt hat. Dem Volk Israel also ist das Land als Besitz für immer von Gott zugesagt, ganz gleich, was sich im Verlauf der Geschichte auch ereignet hat, wodurch Israel für längere oder kürzere Zeit nicht im Besitz des Landes Kanaan war, an seinem Eigentumsrecht hat sich durch solche Ereignisse nichts geändert. Im Gegenteil, Gott scheint im Blick auf die Endzeit wieder besonders auf diese Tatsache hinweisen zu wollen, als ob Israel das Land Kanaan, je näher das Ende dieses Zeitalters rückt, um so fester in Besitz nehmen würde:

„Dann will Ich sie in ihren Boden fest einpflanzen, und sie sollen nicht wieder ausgerissen werden aus ihrem Grund und Boden, den Ich ihnen gegeben habe, der Herr, dein Gott, hat es verheißen" (Amos 9, 15).

Hier spricht Gott wiederum klar von Israels Wiederherstellung in der letzten Zeit. Diese Verheißung wurde vor rund 2800 Jahren gegeben und ist von der wachsenden Macht der arabischen Staaten und ihrer Absicht, den Staat Israel wieder zu zerstören, nicht zu beeinflussen. Im Gegenteil, Gott scheint, gerade weil Er wußte, welche Widerstände sich in der letzten Zeit gegen den neuerstandenen Staat Israel aufmachen würden, Seine Verheißungen so häufig wiederholt und noch verstärkt zu haben, damit niemand an Seiner Entschlossenheit, Seinen Willen zum Ziel zu bringen, zweifelt.

ISRAEL UND ALLE NATIONEN

Wir müssen noch einige Augenblicke darüber nachdenken, warum Gott gerade bei einem so relativ kleinen Land wie Israel solchen Nachdruck auf die Besitzverhältnisse legt. Erstens natürlich, weil Er, wie wir schon sahen, ein Gott ist, der Sein Wort und Seinen Bund hält, den Er mit Abraham geschlossen hat. Doch ich glaube, es gibt noch einen zweiten Grund, den wir in 5. Mose 32, 8 angedeutet sehen:

„Als der Höchste den Völkern ihren Erbbesitz zuteilte, als Er die Menschenkinder voneinander schied, da setzte Er die Gebiete der Stämme fest nach der Zahl der Kinder Israel."

Gott hat also den Wohnplatz der einzelnen Völker nicht dem Zufall überlassen, sondern hat ihn bestimmt. Wie ist Er dann bei der Einteilung der Gebiete für die einzelnen Nationen verfahren? Mose sagt hier, nach dem Maßstab der „Zahl der Kinder Israel". Das heißt doch, daß die Besitzverhältnisse in dem Land, das Gott dem Volk Israel zugedacht hat, im unmittelbaren Zusammenhang mit den Besitzverhältnissen aller anderen Länder stehen, weil Gott sie danach eingeteilt hat. Im Neuen Testament finden wir in der Predigt des Apostels Paulus einen ähnlichen Vers:

„Gott hat auch gemacht, daß das ganze Menschengeschlecht von einem einzigen (Stammvater) *her auf der ganzen Oberfläche der Erde wohnt, und hat für sie bestimmte Zeiten ihres Bestehens und auch die Grenzen ihrer Wohnsitze festgesetzt"* (Apostelgeschichte 17, 26).

Wir sehen hier, daß Gott nicht nur bestimmte, *wo* die einzelnen Völker wohnen sollen, sondern auch *wann*. Aber nach 5. Mose 32, 8 sind Gottes Beziehungen zu den anderen Nationen immer auch von Seinen Beziehungen zu Israel und dem Land Israel aus zu sehen. Um richtig zu verstehen, was ich meine, möchte ich ein einfaches Beispiel verwenden. Nehmen Sie an, jemand zieht einen Mantel oder ein Hemd mit vielen Knöpfen an. Er wird entweder oben oder unten mit dem Zuknöpfen anfangen. Wenn er nun den ersten Knopf in das falsche Knopfloch bringt, wird der Mantel oder das Hemd nie sitzen, egal, was er sonst auch anstellen mag. Es ist zunächst wichtig, daß der erste Knopf richtig zugeknöpft wird.

Genauso ist es mit Israel und den anderen Nationen. Israel ist sozusagen der „erste Knopf Gottes". Deshalb können die Beziehungen und Verhältnisse unter den anderen Völkern nur dann nach und nach richtig stimmen, wenn Israel an seinem von Gott bestimmten Platz ist. Aus diesem Grunde sollte niemand sagen: „Israels Schicksal geht uns nichts an." Das stimmt nicht, denn von Israels Ergehen her bestimmt Gott auch das Ergehen aller anderen Nationen.

Die Rückkehr Israels in sein eigenes Land ist mit vielen Spannungen, Aufruhr und Krieg verbunden. In Kapitel 3 habe ich kurz berichtet, was meine Familie und ich selbst während der ersten Periode der Wiederherstellung des Staates Israel in den damaligen Wirren in Jerusalem mit erdulden mußten. Viele andere haben in dieser Zeit ähnliches und noch mehr leiden müssen und manche müssen es bis heute noch, ganz gleich, ob es Juden, Araber oder andere sind.

Ich glaube, daß große Teile dieser verwirrenden Umstände dadurch zustande gekommen sind und heute noch eintreten, weil Satan verhindern will, daß Gottes Plan im Blick auf Israel zum Ziel kommt. Doch auch Gott benutzt diese Schwierigkeiten und Leiden, die aus all diesen Wirren entstehen, um Seine Pläne auszuführen. Es geschieht ja alles im Nahen Osten mit dem Ziel, Israel wieder an seinen von Gott bestimmten richtigen Platz zu bringen. Also wird Gott damit so lange fortfahren, bis Sein gesamtes prophetisches Wort in Erfüllung gegangen ist. Diese Gewißheit gibt mir innere Ruhe inmitten all des Aufruhrs, den wir miterleben müssen.

Ich bin weder Jude noch Araber. Doch aus den vorstehend angeführten Gründen kann ich nicht neutral bleiben. Alle Menschen, ich eingeschlossen, sollten sich folgender Tatsache bewußt sein: Gott ist auf Erden am Wirken, vor allem im Nahen Osten, um Seinen Plan mit Israel auszuführen. Am Ende hängt das Wohlergehen aller Völker auch mit von der Erfüllung des göttlichen Plans mit Israel ab.

WIR UND DER WILLE GOTTES

In all den Jahren, in denen ich im Lichte des Wortes Gottes über die Lage im Nahen Osten nachgedacht und gebetet habe, ist mir immer wieder aus einem kurzen Satz im Neuen Testament Mut und Trost zugeflossen: *„Wer aber den Willen Gottes tut, der bleibt in Ewigkeit"* (1. Johannes 2, 17). Hier ist eine klare Verheißung völliger und ewiger Sicherheit. Um in dieser Sicherheit leben zu können, sind zwei Schritte nötig.

Erstens müssen wir uns bemühen, Gottes Willen, wie er uns in der Bibel gezeigt wird, zu erkennen. Ist dies geschehen, müssen wir uns zweitens durch eine entschlossene Entscheidung unter diesen Willen Gottes stellen. Und zwar gilt dies für unser persönliches Leben genauso, wie für das Geschick Israels und aller anderen Nationen. Wenn wir wirklich so bereit sind, den Willen Gottes zu tun und damit beginnen, werden wir dadurch innere Festigkeit und Sicherheit gewinnen, die nicht durch die Unordnung und Angst, die wir um uns herum sehen und die in dieser Welt heute an der Tagesordnung sind, erschüttert werden können.

Eines ist sicher, Gott wird Seinen Plan mit Israel und allen anderen Nationen, so wie das prophetische Wort der Bibel ihn zeigt, unerschütterlich ausführen. Doch so wie Er einen Plan mit den Völkern hat, hat Er auch einen mit jedem einzelnen Menschen. Und auch da sollten wir in der Bibel im Blick auf unser eigenes Leben nach Gottes Willen forschen und nach dem Willen Gottes tun. Ganz gleich, aus welchem rassischen oder religiösen Umfeld wir kommen, ob wir Juden, Araber, Afrikaner, Asiaten, Amerikaner oder Europäer sind, wir sollten uns von allen Plänen und Wegen abwenden, die gegen den Willen Gottes sind und sollten alles tun, was wir können, unseren von Gott bestimmten Platz in Seinem Willen zu finden.

Natürlich sind Gottes Pläne für die einzelnen Nationen und für die einzelnen Menschen unterschiedlich. Abgesehen davon, daß es Gottes absolute Absicht ist, daß jeder einzelne Mensch durch Jesus Christus von seinen Sünden erlöst und gerettet wird und sich entscheidet, Christus als Herrn seines Lebens anzunehmen. Sonst aber hat Gott für uns alle viele verschiedene Aufgaben und Pläne, wie Er sie auch mit den einzelnen Nationen hat. Doch Friede und Harmonie auf dieser Erde kann nur dann kommen, wenn sich alle Nationen dem Willen Gottes beugen und sich in Seine Pläne einordnen lassen. Und dies gilt auch für jeden einzelnen, für Sie und mich. Nur so, wenn wir den Willen Gottes tun, können Frieden und Harmonie in unser Leben kommen.

Die Einzelheiten in Gottes Plan — ganz gleich ob mit den Nationen oder mit den einzelnen Menschen — mögen verschieden sein. Doch in einem Punkt gleichen sie sich alle: Gott verlangt Unterordnung unter Seinen in der Bibel geoffenbarten Willen. Hier haben wir nur zwei Möglichkeiten — Gehorsam oder Ungehorsam. Die Entscheidung, vor die wir dadurch gestellt sind, faßt der Apostel Paulus mit der für ihn charakteristischen Logik mit folgenden Worten zusammen:

„Gott wird einem jeden nach seinen Werken vergelten, nämlich ewiges Leben denen, welche im guten Werk standhaft ausharrend, nach Herrlichkeit, Ehre und Unvergänglichkeit trachten; dagegen Zorn und Grimm denen, welche starrsinnig sind und der Wahrheit nicht gehorchen, sondern der Ungerechtigkeit dienen.

Trübsal und Angst wird über die Seele jedes Menschen kommen, der das Böse tut, wie zunächst über den Juden, so auch über den Griechen (Heiden); dagegen Herrlichkeit, Ehre und Friede einem jeden, der das Gute tut, wie zunächst dem Juden, so auch dem Griechen. Denn bei Gott ist kein Ansehen der Person" (Römer 2, 6—11).

8. Kapitel

Was sollten wir tun?

In den vorhergehenden Kapiteln haben wir eine Reihe prophetischer Bibelstellen betrachtet, in denen der Plan Gottes mit dem Volk und Land Israel gezeigt wird. Dabei sind wir zu vier Haupt-Schlußfolgerungen gekommen:

1. Jetzt, wo sich unser Zeitalter dem Ende nähert, ist es Gottes Absicht, Sein unter alle Völker zerstreutes Volk Israel wieder in seinem eigenen Land zu sammeln und wieder eine selbständige Nation aus ihm zu machen.
2. Die geographische und politische Wiederherstellung ist nur die Einleitung zum eigentlichen Ziel Gottes: der geistlichen Erneuerung Israels.
3. Die Wiederherstellung Israels begann um die Jahrhundertwende vom 19. zum 20. Jahrhundert, hatte 1948 mit der Gründung des Staates Israel und 1967 mit dem Sechs-Tage-Krieg und der Eroberung Jerusalems zwei entscheidende Termine und geht seither unaufhörlich weiter.
4. Das Wohlergehen aller Nationen hängt auch mit davon ab, daß Gott Seinen Plan mit Israel ausführen und das Volk wieder in Besitz seines Landes bringen kann.

Wir als Christen, die wir die Autorität der Bibel respektieren, können uns diesen klar dargelegten Absichten Gottes nicht verschließen. Für uns bleibt deshalb nur eine Frage: Wie sollten wir darauf reagieren?

EINE GROSSE SCHULD

Ehe wir versuchen eine angemessene Antwort zu finden, müssen wir noch zwei andere historische Tatsachen mit in unsere Überlegungen einbeziehen. Die erste betrifft alle Christen nichtjüdischer Herkunft, gleich, ob sie Afrikaner, Araber, Russen, Amerikaner, Asiaten oder Europäer sind. Von der menschlichen Seite her schulden wir unsere geistliche Herkunft als Christen alle miteinander einem Volk — dem Volk Israel.

Dies ist keine Frage von Theorien, sondern eine einfache historische Tatsache. Durch Israel sind die Patriarchen, Propheten, Apostel, die Bibel und selbst der Erlöser, von der menschlichen Seite, in die Welt gekommen. Jesus sagt selbst: *„Denn das Heil kommt aus den Juden"* (Johannes 4, 22). Christen aller rassischen, geschichtlichen und kulturellen Herkunft haben deshalb dem jüdischen Volk gegenüber eine große Dankespflicht.

Die zweite Tatsache ist, daß fast durch ihre gesamte Geschichte hindurch die christlichen Kirchen nicht nur versäumt haben, diese Dankespflicht zurückzuzahlen, sondern sogar noch das Gegenteil taten. In Kapitel 2 habe ich gezeigt, wie Gott in England manchen Christen schon seit Jahrhunderten die Wahrheit von der Wiederherstellung Israels aufs Herz gelegt hat und wie sie versuchten, den Juden zu helfen. Doch dies war in der Christenheit leider nur selten so. Im allgemeinen, vor allem vom 4. Jahrhundert nach Christus an, hat die christliche Kirche die Juden verachtet, ungerecht behandelt und oft sogar grausam verfolgt. Leider gibt es auch heute noch viele Christen, denen diese historischen Tatsachen nicht bekannt sind, während andererseits die Juden diese Dinge verständlicherweise nicht vergessen können und dadurch ihre Haltung dem Christentum gegenüber beeinflußt wird.

Wie ich schon in Kapitel 2 sagte, ist eine wichtige Ursache dieser antisemitischen Haltung der Christen die christliche Theologie gewesen. Christliche Theologen haben allein die Juden für die Kreuzigung Jesu Christi verantwortlich gemacht und dem jüdischen Volk deshalb das schreckliche Verbrechen des „Gottesmordes" vorgeworfen. Sogar manche anerkannte geistliche Führer der Christen haben dies getan. So wurde von diesen Leuten innerhalb der Christenheit Ablehnung, ja sogar Haß, gegen die Juden geschürt.

Zum Beispiel hat der berühmte Prediger Johann Chrysostomus, der in der katholischen Kirche als Heiliger gilt, die Juden in seinen

Predigten als „wollüstig, raubgierig, geizig, gemeine Banditen, abscheuliche Mörder, Zerstörer, von Teufeln besessene Menschen... Fresser und Säufer mit Manieren von Schweinen und Ziegenböcken..." beschrieben (Flannery, Seite 48). Es ist schon schlimm genug, daß ein bekannter christlicher Theologe solche Dinge von den Juden sagen kann, viel tragischer allerdings ist, daß er und andere, die ähnliche Behauptungen aufstellten, dadurch viele Christen durch die Jahrhunderte hindurch negativ beeinflußt haben.

Dies zeigt sich in ungezählten Gewalttaten und Grausamkeiten den Juden gegenüber. Zum Beispiel haben Christen, die am ersten Kreuzzug gegen Ende des 11. Jahrhunderts teilnahmen, von dieser Theologie beeinflußt, auf ihrem Weg von Europa nach dem Nahen Osten überall, wo sie jüdische Gemeinden fanden, diese in ihren Synagogen zusammengetrieben, umgebracht, dabei weder Frauen noch Kinder verschont, und die Synagogen angezündet. Nachdem die Kreuzfahrer Jerusalem erreicht hatten, haben sie auch dort die gesamte jüdische Gemeinde ermordet und die Synagoge verbrannt. Dies geschah im Namen Christi und unter dem Zeichen des Kreuzes.

Leider waren auch die Führer der protestantischen Reformation nicht frei von der Schuld antijüdischer Vorurteile. Ich war schockiert, als ich einige der Angriffe Martin Luthers gegen die Juden las. Hier ein Abschnitt, wo er sich noch etwas zurückhaltender als sonst ausdrückt:

„Die Juden verdienen die schwersten Strafen. Ihre Synagogen sollten dem Erdboden gleich gemacht, ihre Häuser zerstört und sie selbst vertrieben werden, so daß sie wie Zigeuner in Zelten leben müssen. Mann sollte ihnen ihre religiösen Schriften wegnehmen. Den Rabbis sollte verboten werden, das Gesetz zu lehren. Man sollte sie von allen Berufen ausschließen, nur die härteste und niedrigste Arbeit sollte ihnen erlaubt sein. Reichen Juden sollte man ihr Vermögen nehmen und damit solche Juden unterstützen, die sich zum Christentum bekehren. Wenn all diese Maßnahmen nichts nützen, sollten die christlichen Fürsten die Pflicht haben, die Juden aus ihren Ländern zu vertreiben wie man tollwütige Hunde wegtreibt" (Baar, Seite 121).

Jahrhunderte später, als die Nazis in Deutschland an die Macht kamen, benutzten sie diese und andere Erklärungen Luthers und anderer Theologen, um damit ihre Politik der Judenverfolgung zu rechtfertigen. Der Antisemitismus der Nazis, der sich besonders in Deutschland und Polen zeigte, war allerdings nicht neu, sondern hatte in Jahrhunderten tiefe historische Wurzeln gewonnen. Die Hauptverantwortung für diese bösen Gefühle muß man vor den Toren der christlichen Kirchen suchen. Wir könnten auch sagen, daß die Nazis zum großen Teil nur das ernteten, was in vielen christlichen Kirchen durch Jahrhunderte gesät wurde.

UNSERE VERANTWORTUNG ERKENNEN

Wenn wir so vor den Tatsachen des durch viele Jahrhunderte hindurch in vielen christlichen Kirchen geschürten Antisemitismus stehen, lehnen leider viele Christen der heutigen Zeit dafür jede Verantwortung ab und sagen zum Beispiel: ,,Das wurde von anderen Kirchen getan, in unserer Kirche hat es so etwas nie gegeben.'' Ich muß bekennen, daß ich mich eine Zeitlang auch hinter einem solchen Argument versteckt habe. Doch dann hat mich eines Tages der Heilige Geist sehr deutlich an Worte erinnert, die Jesus den religiösen Führern Seiner Zeit vorhielt:

,, Wehe euch, Schriftgelehrte und Pharisäer, ihr Heuchler! Denn ihr baut die Grabstätten der Propheten aus und schmückt die Grabdenkmäler der Gerechten und sagt: »Hätten wir zur Zeit unserer Väter gelebt, wir hätten uns nicht mit ihnen am Blut der Propheten schuldig gemacht!« Damit stellt ihr euch selbst das Zeugnis aus, daß ihr die Söhne der Prophetenmörder seid'' (Matthäus 23, 29—31).

Die Tatsache, daß diese religiösen Leute jede Verantwortung für die bösen Taten ihrer Väter an den Propheten ablehnten, zeigt, sie mußten anerkennen, daß sie tatsächlich die Nachkommen derer waren, die die Propheten getötet hatten. Ich glaube, dies gilt auch im Blick auf die Schuld der Kirche den Juden gegenüber. Wir können nicht in Anspruch nehmen, Teil der Kirche Christi zu sein, und im gleichen Augenblick jede Verantwortung für die Art, wie diese Kirche die Juden behandelte, ablehnen. Wir sollten vielmehr sehen, daß die Christenheit im allgemeinen für den christlichen Antisemitismus verantwortlich ist, und dann sollten wir alles tun, was wir können, damit sich dies ändert.

Johannes XXIII. war ein christlicher Führer unserer Zeit, der ein Beispiel dafür gab, wie die christlichen Kirchen die Schuld den Juden gegenüber anerkennen und Wiedergutmachung suchen sollten. Als er während des 2. Weltkriegs noch Erzbischof Roncalli war, hatte er viele Juden vor den Nazis gerettet. Später, als Papst, hat er folgendes

Gebet des Bekenntnisses und der Beugung veröffentlicht, das in allen katholischen Kirchen gebraucht werden soll:

„Wir sind uns heute bewußt, daß wir viele Jahrhunderte blind waren und deshalb die Herrlichkeit Deines auserwählten Volkes nicht erkannt haben. Auch haben wir in ihren Gesichtern nicht erkannt, daß sie unsere von Dir bevorrechtigten Brüder sind. Wir erkennen, daß das Zeichen Kains auf unseren Stirnen steht. Durch die Jahrhunderte hat unser Bruder Abel in dem Blut gelegen, das wir vergossen, und die Tränen vergossen, die wir verursachten, weil wir Deine Liebe vergaßen.

Vergib uns, daß wir an den Namen der Juden fälschlich einen Fluch gehängt haben. Vergib uns, daß wir Dich in ihrem Fleisch ein zweites Mal kreuzigten. Denn Herr, wir wußten nicht, was wir taten..."

Es ist nur zu hoffen, daß die katholische Kirche sich dieses Gebet allgemein zu eigen machen wird. Ich glaube, daß die christliche Kirche, ganz gleich welcher Richtung, nie den vollen Segen Gottes wieder erlangen kann, bis sie einsieht, daß sie an den Juden schuldig geworden ist und alles tut, um dies wieder gut zu machen.

Eine Möglichkeit der Wiedergutmachung wäre, die verdrehte Theologie zu ändern, die viel zu dem latenten Antisemitismus beigetragen hat. Diese Theologie übersieht zwei wichtige Punkte, die das Neue Testament klar zeigt.

Erstens waren die Juden nicht allein für die Kreuzigung Jesu verantwortlich. Zwar verklagten sie Jesus vor den Römern, doch ein Römer verurteilte Ihn, und römische Soldaten kreuzigten Ihn. Sie waren es, die Jesus verhöhnten, geißelten und Ihm eine Dornenkrone aufsetzten. Außerdem waren es die Sünden aller, Juden und Heiden, die Jesus dazu brachten, an das Kreuz zu gehen.

Zweitens sollten wir bedenken, daß Jesus, ehe Er am Kreuz starb, sich an Seinen Vater wandte und betete: „Vater, vergib ihnen, denn sie wissen nicht, was sie tun" (Lukas 23, 34). Das Wort „sie" schließt wieder beide Gruppen ein, die verantwortlich waren für Jesu Tod: Juden und Heiden.

Wenn wir diese historischen Tatsachen betrachten, müssen wir alle als Christen, die wir nichtjüdischer Herkunft sind, uns heute zwei Fragen stellen: Erstens, was können wir tun, um den Juden das große geistliche Erbe zu vergelten, das durch sie zu uns gekommen ist? Jesus sagte: „Das Heil kommt von den Juden." Wie können wir zum zweiten wenigstens etwas wieder gutmachen, was an Üblem im

Namen des Christentums im Laufe der Jahrhunderte den Juden zugefügt wurde?

Ich glaube, daß wir als Christen gerade heute große Möglichkeiten haben, manches zu tun im Blick auf die Beantwortung dieser beiden Fragen. Gott ist dabei, die in Seinem prophetischen Wort verheißene Wiederherstellung Seines Volkes Israel zu vollenden, wie wir sahen, und Er hat schon vieles getan dieserhalb, und viele Prophezeiungen sind vor unseren Augen schon in Erfüllung gegangen. Aber noch versucht Satan alles, was er kann, Gottes Plan zu durchkreuzen. Wir als Christen haben nun das große Vorrecht, in der Erfüllung Seiner Verheißungen und Seiner Segnungen für Israel und damit auch für alle anderen Nationen, Gottes Mitarbeiter zu sein. Ich möchte hier vier Möglichkeiten aufzeigen, die wir in der Bibel finden, durch die wir dies tun können: Wir können preisen, verkündigen, beten und trösten!

PREISEN

In Jeremia 31, 7 spricht der Prophet von einigen Möglichkeiten, wie wir auf Israels Heimkehr in das Land der Verheißung reagieren sollten. Jemand hat einmal gesagt, dies sei „einer der lautesten Verse der Bibel". Auch hier ist von Israels Rückkehr und Wiederherstellung als Staat die Rede:

„Denn so hat der Herr gesprochen: »Erhebt ein Freudengeschrei über Jakob und jauchzt über das Haupt der Völker! Laßt Lobgesang erschallen und betet! Rette Dein Volk, Herr, den Überrest Israels!« Seht, Ich bringe sie heim aus dem Lande des Nordens und sammle sie von den Enden der Erde, unter ihnen Blinde und Lahme, Schwangere und Wöchnerinnen allzumal. Als große Volksgemeinde kehren sie hierher zurück" (Jeremia 31, 7.8).

Dieser Vers redet von einem „Überrest Israels", den der Herr zurückbringen will. Dieser Ausdruck ist nach den Verfolgungen vor allem unter den Nazis, bei denen Millionen von Juden umkamen, durchaus verständlich. Wieder finden wir hier den Ausdruck, aus dem „Lande des Nordens", was vor allem auf Deutschland, Rußland, Polen und andere Staaten dieser Weltgegend hinweist. Dadurch wird klar, daß die endzeitliche Wiederherstellung Israels gemeint ist. Dies geht auch noch aus den Worten „von den Enden der Erde" hervor.

Obwohl es nur ein „Überrest" ist, der heimkehrt, scheint es der

Beschreibung nach doch noch eine große Zahl zu sein. Vor allem die Zeit zwischen 1948 und 1951 ist den modernen Israelis als die Zeit der „Masseneinwanderung" bekannt geworden. Etwa 700 000 Juden kamen in dieser Zeit nach Israel. Hauptsächlich aus Europa und aus den arabischen Staaten, aber auch aus vielen anderen Ländern.

Die erste Hälfte des 7. Verses zeigt uns klar, daß alle ein Freudengeschrei anstimmen und jauchzen sollen, wenn sie sehen, daß der Herr Sein Volk Israel wieder sammelt. Ein Freudengeschrei anstimmen, jauchzen und einen Lobgesang erschallen lassen heißt doch, Gott freudig und laut zu preisen. Nun, wir sind es, unsere Generation, die mit eigenen Augen sehen, wie der Herr Sein Wort wahr macht und Sein Volk Israel wieder sammelt. Also sind wir es auch, denen diese Aufforderung gilt, Gott deshalb zu preisen. Warum sollten wir Gott preisen, wenn wir Israels Wiederherstellung sehen? Ich möchte dafür drei Gründe angeben:

Erstens deshalb, weil Gott es von uns erwartet. Dieser Grund genügt eigentlich schon. Wenn wir tun, was Gott von uns erwartet, sind wir gehorsam; tun wir es nicht, verharren wir im Ungehorsam. Wenn wir gehorsam sind, will Gott Seinen Segen auf uns kommen lassen, andererseits zieht Ungehorsam Sein Gericht nach sich. Möchten wir also Seinen Segen empfangen und Sein Gericht vermeiden, sollten wir auf Seine Forderungen eingehen.

Zweitens weil, wie wir schon sahen, die Rückkehr Israels in das verheißene Land eine großartige Bestätigung für die Wahrheit der Bibel ist. Wir als Christen sind, genau wie das Volk Israel, abhängig von der Gnade und Treue Gottes, wie uns dies die Bibel zusagt. Wenn Gott also Seine jahrtausendealten prophetischen Zusagen an Israel in solch großartiger Weise einhält, ist dies für uns eine Bestätigung, daß Er Seine Zusagen, die Er der Gemeinde Jesu Christi gegeben hat, genauso einhalten wird. Wir werden also dadurch ermutigt, noch mehr an Seinen Verheißungen festzuhalten. Ist das kein Grund zum Lobpreis?

Drittens ist unser Lobpreis der natürliche Ausdruck dafür, daß wir uns mit dem Volke Israel mitfreuen darüber, daß es nun wieder eine eigene Heimat hat, wo es wohnen kann, ohne unterdrückt zu werden. Sollten wir als Christen, denen die jahrhundertelange Not, Verfolgung und Unterdrückung des Volkes Israel bekannt ist, uns doch mit freuen und Gott dafür preisen, daß diese Not nun zu Ende geht und Gott ein großartiges Wiederherstellungswerk an Seinem verachteten Volk Israel tut?

Gott macht auch klar, wie der Lobpreis beschaffen sein sollte, den Er von uns erwartet. Er denkt keinesfalls an etwas, das nur innerlich und unhörbar ist, sondern sagt im Gegenteil: „Erhebt ein Freudengeschrei", „jauchzt!" und „laßt Lobgesang erschallen"! Heute mehr als je zuvor ist die Welt um uns herum erfüllt mit negativen Stimmen — Stimmen der Unzufriedenheit, des Streites, Hasses, des Unglaubens und der Gotteslästerung —, Stimmen also, die Gottes Ehre rauben und zerstören. Da haben wir als Christen doch die Verpflichtung und gleichzeitig auch das Vorrecht, all diese negativen Stimmen mit unserem Lobpreis zu übertönen. Grund genug haben wir ja dafür, wenn wir sehen, was Gott an uns tut und was Er an Israel tut, wie wunderbar Er Sein prophetisches Wort in Erfüllung gehen läßt.

Wenn wir so im Lobpreis Gottes leben, erzeugen wir dadurch eine geistliche Atmosphäre, durch die es für die Gemeinde Jesu Christi und auch für Israel leichter wird, die ihnen von Gott zugedachten Segnungen und Verheißungen in noch viel größerem Maße zu ergreifen.

VERKÜNDIGEN

„Verkündigen" heißt, etwas laut und offen erklären. Was sollen wir denn im Blick auf Israel verkündigen? Der Prophet Jeremia sagt: *„Vernehmt das Wort des Herrn, ihr Völker, und verkündet in den fernen Meeresländern folgende Botschaft: »Er, der Israel zerstreut hat, sammelt es wieder und hütet es wie ein Hirt seine Herde«"* (Jeremia 31, 10).

Es ist also die Wiederherstellung Israels, die wir allen Völkern verkündigen sollen, denn sie ist, wie wir schon mehrfach sahen, ein Beweis für die Wahrheit des Wortes Gottes und für das herannahende Ende dieses Zeitalters. Dies wiederum dient zwei Gründen: Erstens soll dadurch jeder einzelne Mensch vor die Frage gestellt werden, wie er sich persönlich den Forderungen des unfehlbaren Wortes Gottes gegenüber verhalten will; und zweitens sollen die Völker dadurch aufgefordert werden, ihre rechte, gottgewollte Stellung dem Volke Israel gegenüber zu finden. Denn dieses Wort ist ausdrücklich an die Nationen, auch noch an die in den „fernen Meeresländern" gerichtet. Also soll die Tatsache von der Wiederherstellung Israels und die daraus zu ziehenden Konsequenzen auf der ganzen Erde verkündigt werden.

Heute hat es der Heilige Geist schon vielen christlichen Predigern des Wortes Gottes aufs Herz gelegt, neben der Verkündigung des Evangeliums von Jesus Christus auch immer wieder darauf hinzuweisen, daß Gottes prophetisches Wort im Blick auf Israel in Erfüllung geht und daß Gott dabei ist, Israel zu sammeln und aufzubauen, wodurch wir das nahende Ende dieses Zeitalters erkennen können.

Es ist auch mein Vorrecht in den letzten Jahrzehnten gewesen, in vielen Ländern dieser Erde, wo ich Gottes Wort verkündigen durfte, auf Jeremia 31, 7—10 und auf viele ähnliche Bibelstellen hinzuweisen und meinen Zuhörern freudig zu sagen: ,,Diese Prophezeiungen Gottes gehen in unseren Tagen vor euren Augen und Ohren in Erfüllung.''

Wir haben schon in einem vorhergehenden Kapitel gesehen, daß die Wiederherstellung Israels ein Banner für die Nationen ist, das Gott aufgerichtet hat und durch das Er verkündigt: ,,Unser Zeitalter geht zu Ende, und der Herr kommt bald, um die Völker zu richten. Er wird die Völker danach richten, wie ihre Stellung zur Wiederherstellung des selbständigen Staates Israel im verheißenen Land gewesen ist. Dann wird kein Volk behaupten können, unwissend über die wichtigen Tatsachen gewesen zu sein, die mit der Wiederherstellung Israels zusammenhängen und daß wir hier die Erfüllung des prophetischen Wortes Gottes sehen.

BETEN

Auf diese wichtige Aufgabe wird klar in Jeremia 31, 7 hingewiesen: ,,... und betet: »Rette Dein Volk, Herr, den Überrest Israels!«''

Wenn Gott uns Einblick in die Erfüllung Seines prophetischen Wortes gibt, möchte Er damit keinesfalls unsere Neugier befriedigen oder uns unterhalten, sondern Er will uns dadurch zur Aktivität anspornen. Er möchte nicht, daß wir passiv und gleichgültig bleiben, sondern daß wir uns Ihm zur Verfügung stellen, um Werkzeuge zu sein, damit Sein Wort noch mehr in Erfüllung gehen kann und Sein Wille geschieht. Eine der wichtigsten Möglichkeiten, aktiv für Gottes Sache einzutreten, ist das Gebet. Der Prophet Daniel ist dafür ein ausgezeichnetes Beispiel:

,,Im ersten Regierungsjahr des Darius, des Sohnes des Ahasveros, der von medischer Herkunft war und die Herrschaft über das Reich der Chaldäer erlangt hatte, im ersten Jahre seiner Regierung *richtete ich, Daniel, meine Aufmerksamkeit in den heiligen Schriften auf die Zahl der Jahre, bezüglich derer das Wort des Herrn einst an den Propheten Jeremia ergangen war, daß nämlich über den Trümmern Jerusalems eine Zeit von 70 Jahren hingehen sollte. So richtete ich denn mein Angesicht zu Gott dem Herrn, um Ihn mit Gebet und Flehen zu suchen unter Fasten und in Sack und Asche"* (Daniel 9, 1—3).

Wir sehen, daß Daniel nicht nur selbst ein großer Prophet war, sondern daß er auch in den Schriften der anderen Propheten forschte. Die Verse aus Jeremia, auf die Daniel sich bezieht, finden wir in Jeremia 25, 12—14 und 29, 10—14. Durch das Studium dieser Prophezeiungen erkannte Daniel, daß die Zeit nahe war, wo der Herr die Juden aus der babylonischen Gefangenschaft zurück in ihr Land Israel bringen wollte.

Daniel war also ungefähr in der gleichen Lage, in der wir als Christen, die wir die prophetischen Worte der Bibel ebenfalls studieren, uns auch befinden. Auch wir haben erkannt, daß Gott Sein Volk Israel nach bald 2000 Jahren aus aller Welt in das verheißene Land zurückführen will und daß Er damit schon begonnen hat. Es ist deshalb für uns wichtig, von Daniel zu lernen, wie er auf das reagierte, was er in Gottes prophetischem Wort erkannte.

Daniel ließ es keinesfalls damit bewenden, daß er vielleicht nur über das prophetische Wort Gottes gestaunt hätte und sonst passiv geblieben wäre. Im Gegenteil, seine Erkenntnisse in der Bibel spornten ihn an, so eifrig zu fasten und zu beten, wie er das vorher noch nie getan hatte. Der Inhalt seines Gebets war, Gott möge die Prophezeiung, die er durch Jeremia gegeben hatte, nun endlich wahr werden lassen. Ist Daniels Haltung nicht eine große Herausforderung für uns?

Gott ruft Sein Volk weltweit zum Beten und Fasten für die volle Erfüllung der prophetischen Verheißungen für Israel. Das Beispiel Daniels will uns dazu anspornen, ebenso wie die Worte Jesajas: *„Über deine Mauern, Jerusalem, habe Ich Wächter bestellt, die den ganzen Tag und die ganze Nacht hindurch keinen Augenblick schweigen sollen. Ihr, die ihr den Herrn erinnern sollt, gönnt euch keine Ruhe und gewährt auch Ihm keine Ruhe, bis Er sich dazu bereit macht und Jerusalem zu einer Berühmtheit auf der Erde macht"* (Jesaja 62, 6.7).

Diese „Wächter" hier sind eindeutig Beter, die Gott Tag und Nacht um die Wiederherstellung Jerusalems bitten. Im Neuen Testament, in Lukas 18, 1—7, zeigt uns Jesus das Gleichnis von der Witwe und dem ungerechten Richter. Er beschließt das Gleichnis mit den Worten: *,,Sollte nun Gott nicht auch Seinen Auserwählten Recht schaffen, die Tag und Nacht zu Ihm rufen?"* Beide Bibelstellen zeigen uns, daß es Gebetsanliegen gibt, die so wichtig sind, daß Tag und Nacht dafür gebetet werden soll. Die Wiederherstellung Jerusalems ist eines dieser Anliegen, wie Jesaja uns sagt.

Jesaja beschreibt die ,,Wächter" als solche, die den ,,Herrn erinnern sollen". Im modernen Hebräisch wird das Wort, das hier steht, für einen Sekretär oder eine Sekretärin gebraucht. Mir fiel, als ich darüber nachdachte, auf, daß die Aufgabe eines Sekretärs u. a. ist, seinen Chef an die Verabredungen in seinem Terminkalender zu erinnern. Dies machte mir groß, was neben anderen Dingen unsere Aufgabe als ,,Fürbitte-Sekretäre" ist. Wir müssen erstens vertraut sein mit Gottes prophetischem Kalender; und zweitens den Herrn immer wieder an Seine Verabredungen, die in diesem Kalender stehen, erinnern. Eine dieser Verabredungen Gottes für die Endzeit ist die Wiederherstellung Israels und Jerusalems zu Seiner Stadt.

Die Ermahnung der Bibel, für Jerusalem zu beten, bezieht sich nicht nur auf die Endzeit, sondern auf die ganze Geschichte Israels, von der Zeit Davids an. In Psalm 122, 6.7 sagt David: *,,Erfleht für Jerusalem, was ihm dienet zum Frieden! Allen, die dich lieben, ergehe es wohl. Friede herrsche in deinen Mauern, Sicherheit in deinen Palästen!"*

Durch 19 Jahrhunderte hindurch haben Juden in allen Ländern ihrer Zerstreuung täglich treu für den ,,Frieden Jerusalems" gebetet. Die dramatischen Ereignisse, die seit 1948 in Israel geschehen, sind das Zeugnis der Geschichte dafür, daß Gott die Gebete dieser Jahrhunderte nicht vergessen hat.

Sie fragen jetzt vielleicht: ,,Aber warum sollten wir als Christen die Mahnung der Bibel, für Jerusalem zu beten, für uns ernst nehmen?" Auch ich habe mir diese Frage oft gestellt. Ein Grund wurde mir dabei wichtig: Die Bibel sagt uns, daß es zu Gottes großer Erfüllung der Endzeitgeschichte gehört, Sein Königreich auf dieser Erde wieder aufzurichten — mit Jerusalem als Hauptstadt. Wenn wir also für das Heil und den Frieden Jerusalems beten, ist dies ein Stück von dem Gebet, das Jesus mit den Worten ausdrückt: ,,Dein Reich komme..." Ich kann hier nicht näher auf dieses Thema eingehen, sondern will mich auf die Wiedergabe zweier Bibelstellen beschränken:

„Die Offenbarung, die Jesaja, der Sohn des Amoz, über Juda und Jerusalem geschaut hat: In der Endzeit wird es geschehen, daß der Tempelberg des Herrn festgegründet dasteht an der Spitze der Berge und über die Höhe erhaben; dann werden alle Heidenvölker zu ihm strömen und zahlreiche Völkerschaften hinwallen und sagen: »Kommt, laßt uns zum Berge des Herrn hinaufziehen, zum Hause des Gottes Jakobs, damit Er uns über Seine Wege belehre und wir auf Seinen Pfaden wandeln!«

Denn von Zion wird Belehrung ausgehen und das Wort des Herrn von Jerusalem. Dann wird Er zwischen den Völkern richten und vielen Völkerschaften Recht sprechen; und sie werden ihre Schwerter zu Pflugscharen umschmieden und ihre Lanzenspitzen zu Winzermessern; kein Volk wird noch gegen ein anderes Volk das Schwert erheben, und sie werden sich hinfort nicht mehr auf Krieg einüben" (Jesaja 2, 1—4).

Auch der Prophet Sacharja zeigt uns in einem Bild diese wunderbare Tatsache: *„Es wird geschehen an jenem Tage, lebendige Wasser strömen von Jerusalem aus; die eine Hälfte fließt in das östliche, die andere Hälfte in das westliche Meer; sie fließen Sommer und Winter. Dann wird der Herr König sein über die ganze Erde. An jenem Tage wird der Herr einzig sein und einzig Sein Name...*

Und alle die Übriggebliebenen aus all den Völkern, die gegen Jerusalem zogen, werden Jahr für Jahr hinaufgehen, um den König, den Herrn Zebaoth, anzubeten und das Laubhüttenfest zu feiern" (Sacharja 14, 8.9.16).

All diese prophetischen Bilder von Gottes kommendem Königreich, das auf Erden aufgerichtet wird, haben eines gemeinsam: Jerusalem — oder Zion — ist das Zentrum. Nach Jerusalem werden die Völker jedes Jahr gehen, um anzubeten. Von Jerusalem gehen Gottes Wort und Seine Gebote in alle Lande, und die Völker werden von Jerusalem aus regiert. Auf diese Weise sind also der Friede und das Wohlergehen aller Nationen mit dem Frieden und Heil Jerusalems verbunden. Ehe Jerusalem nicht seinen Frieden und die von Gott bestimmte Stellung einnimmt, kann kein anderes Land dieser Erde wahren Frieden haben. Wenn wir Christen aller Nationen also für den Frieden Jerusalems beten, bitten wir gleichzeitig für den Frieden und die Segnungen für alle Völker dieser Erde.

Es gibt noch einen weiteren Grund, warum wir für den Frieden Jerusalems beten sollten. Gott hat verheißen, daß es allen, die Jerusalem lieben und für seinen Frieden beten, „wohl ergehen" soll. Das hier gemeinte „Wohlergehen" geht über ein äußerlich gutes Leben hinaus und schließt inneren Frieden und das Wohlergehen unseres inneren Menschen ein, weil Gottes Segen auf einem solchen Menschen ruht. Ich selbst bete schon seit vielen Jahren regelmäßig für den Frieden Jerusalems und kann aus meiner persönlichen Erfahrung bezeugen, daß Gott Sein Wort hält.

TRÖSTEN

Gott fordert dazu auf, das jüdische Volk zu trösten, ganz besonders in der jetzigen kritischen Lage ihrer Geschichte. Dies wird uns in Jesaja 40, 1-8 gezeigt, einem Bibelwort, das in drei Abschnitte zerfällt. Der erste Abschnitt beginnt mit dem Wort „tröstet".

„Tröstet, tröstet Mein Volk! spricht euer Gott. Redet zum Herzen Jerusalems, und ruft ihr zu, daß ihre Mühsal vollendet, daß ihre Schuld abgetragen ist, daß sie von der Hand des Herrn Zwiefältiges empfangen hat für alle ihre Sünden" (Jesaja 40, 1.2).

Die Worte „tröstet" und „ruft" stehen in der Mehrzahlform. Das heißt, daß hier nicht ein einzelner angesprochen ist, sondern eine Gruppe von Menschen. Wir sehen also in diesen Versen zwei verschiedene Gruppen von Menschen. Die eine Gruppe ist „Mein Volk", das getröstet werden soll. Die andere Gruppe besteht aus denen, die Gottes Volk trösten sollen. Wer sind diese beiden Gruppen?

Ganz ohne Zweifel ist mit „Meinem Volk", mit denen, die Trost brauchen, das Volk Israel gemeint. Wenn wir das Buch Jesaja betrachten, erkennen wir schnell, daß mit Kapitel 40 ein neuer Abschnitt in den Prophezeiungen beginnt und sich bis Kapitel 48 hinzieht. Das Hauptthema dieses Abschnitts ist Gottes Handeln mit Israel. Wenn wir einzelne Verse nicht aus ihrem Zusammenhang reißen wollen, ist es deshalb nur logisch, wenn wir folgern, daß die Worte „Mein Volk" in Jesaja 40, 1 dem Volk Israel gelten.

Außerdem ist die Botschaft des Trostes an Gottes Volk gleichzeitig eine Botschaft an Jerusalem. Und Jerusalem ist nun einmal die historische und auch von Gott bestimmte Hauptstadt des Volkes Israel. In allen 19 Jahrhunderten ihrer Zerstreuung haben die Juden Jerusalem im Herzen getragen und für ihre Stadt gebetet. Welche Stellung die Juden zu Jerusalem einnehmen, geht klar aus den Psalmworten hervor:

„Wenn ich dich vergesse, Jerusalem, so werde vergessen meine Rechte! Es klebe meine Zunge an meinem Gaumen, wenn ich deiner nicht gedenke, wenn ich Jerusalem nicht zu meiner höchsten Freude erhebe" (Psalm 137, 5.6).

Drittens gibt es wohl keine Gruppe von Menschen, die mehr Trost benötigte, als die Juden. Weil es wohl kein Volk gibt, das mehr verachtet, verfolgt und gequält worden wäre. Gott, in Seiner Weisheit und Barmherzigkeit, hat ihnen deshalb nicht nur Wiederherstellung, sondern auch Trost versprochen, was ein anderer Psalm klar zum Ausdruck bringt: *„Der Herr baut Jerusalem auf, die Zerstreuten sammelt Er. Er heilt, die zerbrochenen Herzens sind, Er verbindet ihre Wunden"* (Psalm 147, 2.3).

Zur Sammlung Israels und dem Wiederaufbau Jerusalems gehört also, daß die zerbrochenen Herzen geheilt und die Verwundeten verbunden werden.

Wer sind nun aber jene, die Israel trösten sollen? Sie gehören nicht zu Israel, glauben aber auch an Gott. Ich kenne nur eine Gruppe von Menschen auf Erden, auf die dies zutrifft. Es sind alle wiedergeborenen Christen, die Gemeinde Jesu Christi, die ihr Leben Christus übergeben haben und entschlossen sind, Seinem Wort zu gehorchen. Zu ihnen also sagt Gottes prophetisches Wort: „Tröstet mein Volk . . . Redet zum Herzen Jerusalems."

Im zweiten Teil dieser Prophezeiung fordert Jesaja nun dazu auf, dem Herrn den Weg zu bereiten:

„Stimme eines Rufenden: In der Wüste bahnet den Weg des Herrn; ebnet in der Steppe eine Straße für unseren Gott! Jedes Tal soll erhöht, und jeder Berg und Hügel erniedrigt werden; und das Höckerichte soll zur Ebene werden, und das Hügelige zur Niederung! Und die Herrlichkeit des Herrn wird sich offenbaren, und alles Fleisch miteinander wird sie sehen; denn der Mund des Herrn hat geredet" (Jesaja 40, 3—5).

Jeder dieser drei Verse zeigt eine wichtige Wahrheit im Zusammenhang mit der Tröstung Israels. Vers 3 zeigt uns, daß der Weg des Herrn vorbereitet werden muß. Für jedes Kommen des Messias bedarf es vorher einen besonderen Dienst, um die Herzen Seines Volkes vorzubereiten, damit sie Ihn empfangen. Das Neue Testament zeigt uns, daß es der Dienst Johannes des Täufers war, den Weg für das erste Kommen Jesu zu bereiten (siehe Markus 1, 1—4).

Vor Jesu zweitem Kommen ist wiederum ein so besonderer Dienst nötig, um die Herzen Israels vorzubereiten. In diesem Dienst wird, wie bei Johannes, zur Buße aufgerufen, aber auch Trost allen verheißen, die Buße tun werden.

Vers 4 von Jesaja 40 redet von gewaltigen Veränderungen, die mit der Wiederkunft Jesu verbunden sind. Täler werden erhöht und Berge eingeebnet. Ähnliche Beschreibungen finden wir in Jesaja 2, 2 und Sacharja 14, 4.10. Sie werden dort mit den ,,Geburtswehen'' des anbrechenden neuen Zeitalters in Verbindung gebracht.

Gewiß werden nach diesen biblischen Beschreibungen mächtige geologische Veränderungen geschehen. Doch es liegt noch eine tiefere Bedeutung in diesem Wort. Unsere gegenwärtige Menschheit ist sehr stolz und eingebildet auf ihr Wissen, ihren Forschergeist und ihre Kultur. Doch Gott wird durch Seine Gerichte den menschlichen Stolz zerbrechen. Manches Volk, das sich heute groß fühlt, wird gedemütigt werden oder vielleicht ganz verschwinden. Dafür werden vielleicht andere Völker, die man heute als schwach oder unbedeutend betrachtet, wachsen und zu Ehren kommen, wie Jesus es in Matthäus 5, 5 sagt: *,,Glückselig die Sanftmütigen, denn sie werden das Land ererben.''*

Vers 5 in Jesaja 40 zeigt uns die Entfaltung der Herrlichkeit Gottes vor der ganzen Menschheit. Ein ähnliches Bild, das mit der Wiederherstellung Israels und dem Wiederkommen des Herrn in Verbindung steht, zeigt uns Jesaja in seinem 59. Kapitel:

,,Und sie werden den Namen des Herrn fürchten vom Niedergang an, und vom Sonnenaufgang Seine Herrlichkeit . . . Und ein Erlöser wird kommen für Zion und für die, welche in Jakob von der Übertretung umkehren, spricht der Herr'' (Jesaja 59, 19.20).

Der nächste Abschnitt der Prophezeiung Jesajas enthält die eigentliche Botschaft des Trostes für Israel:

,,Stimme eines Sprechenden: »Rufe!« Und er spricht: »Was soll ich rufen?« Alles Fleisch ist wie Gras, und alle seine Anmut wie die Blume des Feldes. Das Gras ist verdorrt, die Blume ist abgefallen; denn der Hauch des Herrn hat sie angeweht. Fürwahr, das Volk ist Gras. Das Gras ist verdorrt, die Blume ist abgefallen; aber das Wort unseres Gottes besteht in Ewigkeit'' (Jesaja 40, 6—8).

Diese eigentliche Botschaft des Trostes besteht aus zwei Teilen. Zunächst redet der Prophet von der Vergänglichkeit alles Menschlichen. ,,Alles Fleisch ist wie Gras . . .'' Es ist dazu verurteilt, zu verfallen und zu vergehen. Seit Jahrtausenden hat das Volk Israel eine nicht endende Prozession von Königreichen, Völkern, Zivilisationen und Kulturen miterlebt. Sie kamen — und sie gingen wieder. Alle menschliche Größe und Herrlichkeit ist wieder verfallen. Reiche und Kulturen, die für die Ewigkeit gebaut schienen, sind in Staub und Asche zerfallen. Wahrlich, die Geschichte der Menschheit bestätigt nur zu eindringlich die Worte des Propheten.

Doch nun kommt der eigentliche Trost, der um so mächtiger und tiefgreifender wird, weil ihm das Bild des menschlichen Verfalls vorangestellt ist. ,,Aber..." sagt der Prophet, ,,aber das Wort Gottes besteht in Ewigkeit!"

Welch ein gewaltiger Szenenwechsel: Menschlicher Verfall — ewige Sicherheit und Gewißheit in Gott!

Ist nicht Israel selbst ein Beweis für die Wahrheit dieser Worte? Während, wie wir eben schon sagten, in den vergangenen Jahrtausenden gewaltige Reiche und mächtige Völker groß wurden und wieder versanken, besteht das kleine Volk Gottes, das Volk Israel, immer noch, trotz aller Verfolgungen, Vertreibung und Unterdrückung; und es scheint heute wieder lebendiger zu sein als in den Jahrhunderten vorher. Welch ein Beweis für die Wahrheit, daß Gottes Wort in Ewigkeit besteht.

In diesem Zusammenhang werde ich an eine Karikatur erinnert, die ich kurz nach dem Ende des 2. Weltkriegs in einer Zeitung sah. Eine lange Reihe von Grabsteinen erstreckte sich bis an den Horizont. In den vordersten Grabstein waren ein Hakenkreuz und der Name Adolf Hitler eingraviert. Noch vor diesem Grabstein war ein frisch ausgehobenes Grab, in dem noch niemand lag. Neben dem Grab stand ein älterer orthodoxer Jude und fragte sinnend: ,,Wer wird wohl der Nächste sein?"

Hier also ist die Botschaft des Trostes für Israel: Alle Herrscher und Völker, die dieses Volk unterdrückt haben, werden von Gott zum Ende gebracht. Ihre Größe und Herrlichkeit wird vergehen wie die Blume, die am Abend verwelkt ist. Aber die Verheißungen des Wortes Gottes bleiben! Auch die Zusagen Gottes an Israel, daß dieses Volk wiederhergestellt wird und in seinem ihm verheißenen Land noch einer großartigen Zukunft entgegengeht.

Allen Christen, die in unserer Zeit bereit sind, diese Botschaft zu verkündigen und damit Israel zu trösten, wird der nächste Vers Jesajas eine große Ermutigung sein können:

,,Auf einen hohen Berg steige hinauf, Zion, du Verkündigerin froher Botschaft; erhebe mit Macht deine Stimme, Jerusalem, du Verkündigerin froher Botschaft! Erhebe sie, fürchte dich nicht; sprich zu den Städten Judas: Siehe da, euer Gott" (Jesaja 40, 9)!

9. Kapitel

Das Völkergericht

In den Kapiteln 4—8 dieses Buches haben wir anhand vieler Bibelstellen gesehen, daß Gott durch Sein prophetisches Wort erklärt hat, Er will Sein Volk Israel wieder in seinem eigenen Lande sammeln und es dort wieder zu einer unabhängigen Nation unter Seiner Gnade machen. Gott hat ebenfalls erklärt, Er wird all die Völker richten, die Israel verfolgen oder die sich Seiner Absicht in den Weg stellen, Israel als selbständigen Staat wieder aufzubauen.

Was die Völker also zu erwarten haben, hat der Prophet Joel ganz klar gesagt:

„Denn siehe, in jenen Tagen und zu jener Zeit, wenn Ich die Gefangenschaft Judas und Jerusalems wenden werde, dann werde Ich alle Nationen versammeln und sie in das Tal Josaphat hinabführen" (Joel 3, 1.2).

Zwei Dinge werden uns also in diesen Versen gezeigt: Auf der einen Seite Gnade und Wiederherstellung für Israel, und auf der anderen das Gericht gegen alle Völker, die Israel unterdrückt haben oder sich gegen Israel wandten.

Der Gerichtsort ist schon bestimmt. Es ist das „Tal Josaphat". Dies ist ein geographisch bekanntes Tal in Israel, aber gleichzeitig hat es auch eine symbolische Bedeutung, denn „Josaphat" heißt: „Der Herr richtet."

Im gleichen Kapitel ist noch zweimal von diesem Tal des Gerichts die Rede:

„Die Nationen sollen sich aufmachen und hinabziehen in das Tal Josaphat; denn dort werde Ich sitzen, um alle Nationen ringsum zu richten" (Joel 3, 12).

„Getümmel, Getümmel im Tal der Entscheidung; denn nahe ist der Tag des Herrn im Tale der Entscheidung" (Joel 3, 14).

DAS TAL DER ENTSCHEIDUNG

Das ,,Tal Josaphats'' — also das Tal des Gerichts Gottes — ist auch das ,,Tal der Entscheidung''. Was bedeutet dies? Ich glaube, Gott wird auf die eine oder andere Weise alle Nationen — wenn auch vielleicht nicht jeden einzelnen Menschen, aber doch Abordnungen von jeder Nation — in das Tal Josaphat bringen, und dort müssen sie wählen, ob sie sich Gottes Wort fügen wollen oder nicht. Sich Gottes Wort zu unterordnen wird vor allem auch bedeuten, die Absicht Gottes mit Israel und dessen Wiederherstellung als führendes Volk der Erde anzuerkennen. Alle, die dies nicht anerkennen wollen, werden unter Gottes Gericht fallen.

Es gibt eine ganze Reihe andere prophetische Stellen in der Bibel, die ebenfalls zeigen, daß Gott am Ende dieses Zeitalters die Nationen richten wird, und zwar danach, welche Haltung sie zu Israel und seiner Wiederherstellung eingenommen haben. Da finden wir zum Beispiel eine Reihe wichtiger Verse in Jesaja 60:

,,*Erhebe ringsum deine Augen und sieh! Sie alle versammeln sich, kommen zu dir: deine Söhne kommen von ferne, und deine Töchter werden auf den Armen herbeigetragen''* (V. 4).

,,*Und die Söhne der Fremde werden deine Mauern bauen, und ihre Könige dich bedienen''* (V. 10.)

,,*Denn die Nation und das Königreich, welche dir nicht dienen wollen, werden untergehen, und diese Nationen werden gewißlich vertilgt werden''* (V. 12).

,,*Und gebeugt werden zu dir kommen die Kinder deiner Bedrücker, und alle deine Schmäher werden niederfallen zu den Sohlen deiner Füße; und sie werden dich nennen: Stadt des Herrn, Zion des Heiligen Israels.*

Statt daß du verlassen warst und gehaßt, und niemand hindurchzog, will Ich dich zum ewigen Stolz machen, zur Wonne von Geschlecht zu Geschlecht'' (V. 14.15).

Zunächst sollten wir uns fragen, von wem hier gesprochen wird. Da in Vers 4 vom Sammeln die Rede ist und in Vers 14 von der ,,Stadt des Herrn'' und von ,,Zion'', dürfte es nicht schwer fallen zu erkennen, daß Israel sowie sein Land und die Stadt Jerusalem gemeint sind.

Ist dies erst klar, sehen wir auch, welche Haltung Gott in den Versen 10 und 12 von den anderen Völkern und ihren Führern Israel gegenüber erwartet, und daß Er, wenn die anderen Nationen nicht bereit sind, die von Gott geforderte Haltung Israel gegenüber einzunehmen, Seine Gerichte über sie kommen lassen will. Es dürfte also, nachdem wir dies betrachtet und erkannt haben, keinen Zweifel mehr geben, nach welchem Maßstab Gott die im Tale Josaphat versammelten Völker richten wird: Nach ihrer Haltung zu Seinem Volk Israel und dessen Wiederherstellung als selbständige Nation. Die Geschichte der vergangenen 2000 Jahre enthält viele Beispiele dafür, daß Gott diese Prinzipien schon immer angewandt hat? Zwei solche Beispiele möchte ich hier erwähnen. Ich entnehme den nächsten Abschnitt meiner Broschüre „Unsere Schuld gegenüber Israel":

„Endlich dürfen wir nicht vergessen, daß ein Hauptfaktor in Gottes Umgang mit allen anderen Nationen ihre Haltung den Juden gegenüber ist ... Alle Nationen, die barmherzig und großzügig mit den Juden waren, empfangen die Gnade und den Segen Gottes; hingegen wird Gott allen Nationen, die den Juden gegenüber Verachtung zeigten und sie verfolgten, Seine Gnade entziehen.

In gewisser Weise zeigt uns das die Geschichte schon an vielen Beispielen. Wenn wir Spanien betrachten, sehen wir, daß es im 15. und 16. Jahrhundert die führende Macht in Europa war; seine Kultur hatte ein sehr hohes Niveau erreicht, es besaß eine mächtige Armee und eine ebenso mächtige Kriegsflotte, und das spanische Weltreich spannte sich von Europa bis nach Amerika, so daß Karl V. stolz behaupten konnte, in seinem Reich ginge die Sonne nicht unter. Doch dann begann Spanien die Juden aus seinem Land zu vertreiben; und innerhalb eines Jahrhunderts, nachdem die Spanier mit der Judenvertreibung begonnen hatten, war das Land von der führenden Weltmacht zu einem Staat zweiter Klasse abgesunken.

Ich selbst und viele, die dieses Buch lesen, haben miterlebt, daß Ähnliches mit meinem eigenen Heimatland Großbritannien geschehen ist. Großbritannien hat 300 Jahre lang ein mächtiges Weltreich aufgebaut, das vielleicht das ausgedehnteste der ganzen menschlichen Geschichte war. Außerdem hat es gemeinsam mit seinen Verbündeten den 2. Weltkrieg siegreich beendet. Doch dann versuchte Großbritannien 1947/48 als Mandatsmacht über Palästina die Heimkehr der Juden in ihr Land und die Errichtung eines selbständigen Staates Israel zu verhindern. Zwar hielten die britischen Politiker nach außen an der Erklärung der UNO fest, Israel in Palästina einen Platz als selbständiger Staat zu geben, doch die britischen Behörden und Militärs in Palästina taten alles, um dies zu erschweren oder gar zu verhindern. Ich habe zu jener Zeit in Jerusalem gelebt und weiß dies deshalb aus eigener Erfahrung. Von diesem Zeitpunkt an begann in Großbritannien ein Prozeß des Verfalls seiner Macht und seines Weltreiches, und zwar auf allen Gebieten, wie den wirtschaftlichen, militärischen und auch politischen. Heute, eine knappe Generation später, muß Großbritannien wie damals Spanien, sich bemühen, wenigstens den Rang einer zweitklassigen Macht aufrecht erhalten zu können" (Prince, Seiten 9—10).

Hinter diesen göttlichen Gerichtsprinzipien den Nationen gegenüber liegt ein noch tieferer Grundsatz Gottes im Umgang mit der Menschheit im allgemeinen. Wenn Gott sich mit den Menschen beschäftigt, so tut Er dies in der Regel nicht, indem Er von Seinem Thron herunterkommt und dem einzelnen Menschen in Person begegnet, sondern Er begegnet dem Menschen meistens durch Sein Wort oder auch durch besondere Erlebnisse, die dieser Mensch macht und die ihn mahnen sollen. Unsere Reaktion auf Gottes Wort ist dann im Grunde genommen eine Reaktion gegenüber Ihm selbst, auch wenn wir dies nicht erkennen.

Dies ist von Anfang der menschlichen Geschichte an so gewesen. Schon bei Adam im Paradies war Gott nicht fortwährend in Person anwesend, sondern ließ ihm Sein Gebot: *,,Von jedem Baume des Gartens darfst du nach Belieben essen; aber von dem Baume der Erkenntnis des Guten und Bösen, davon sollst du nicht essen, denn welches Tages du davon issest, wirst du gewißlich sterben"* (1. Mose 2, 16.17). Als Adam Gottes Wort gegenüber ungehorsam ward, waren die Konsequenzen genauso, als hätte er vor dem in Person anwesenden Gott gesündigt. Gottes Wort ablehnen bedeutet, daß wir gleichzeitig Gott ablehnen.

Dieses Prinzip finden wir auch im Umgang Gottes mit dem Volk Israel wieder. Als der König Saul zum Beispiel nach einem Sieg über die Amalekiter nicht tat , was ihm Gott durch den Propheten Samuel aufgetragen hatte, kam Samuel wieder zu Saul und sagte ihm: ,,Weil du das Wort des Herrn verworfen hast, so hat Er dich verworfen" (1. Samuel 15, 23). Am Ende kostete Saul dieser Ungehorsam gegenüber dem Worte Gottes seinen Thron und auch sein Leben. Doch ehe Gott richtet, gibt Er vorher immer Gelegenheit zur Einsicht, Buße und Umkehr.

Genauso ist es mit dem Gericht Gottes über die Nationen. Gott hat sich ein Ziel gesetzt, und das ist die Wiederherstellung des Volkes Israel. Dies hat Er durch Sein prophetisches Wort alle Völker wissen lassen, und Er erwartet nun, daß sich die Nationen diesem Plan Gottes nicht hindernd in den Weg stellen, sondern alles tun, was sie können, damit Sein Plan zur Ausführung kommt. Jede Nation, die das prophetische Wort Gottes verachtet oder zurückweist oder sogar versucht, die Durchführung des Planes Gottes zu hindern, muß dann die Konsequenzen des Gerichtes Gottes tragen.

SCHAFE UND BÖCKE

Nicht nur im Alten Testament wird davon gesprochen, daß Gott die Nationen richten wird. Im Neuen Testament zeigt uns Jesus in einem Gleichnis, das man eher eine Prophezeiung nennen könnte, daß Er selbst bei Seiner Wiederkunft die Nationen richten wird. In Matthäus 25, 31—46 schildert Er, wie Er die Schafe zu Seiner Rechten und die Böcke zu Seiner Linken stellt. Das Prinzip, nach dem die Nationen hier in Schafe und Böcke getrennt werden, ist ganz einfach: Es wird danach gehen, wie sie die Brüder Jesu behandelt haben. Die ,,Schafe" haben Jesu Brüdern Barmherzigkeit zuteil werden lassen, haben die Hungrigen gespeist, den Durstigen zu trinken gegeben, die Obdachlosen aufgenommen, die Nackten gekleidet und sich um die Kranken gekümmert, während die ,,Böcke keine solche Barmherzigkeit zeigten, sondern sich eher abwandten. Jesus erklärt nun, daß die Behandlung, die Seinen Brüdern zuteil wurde — Barmherzigkeit oder Ablehnung —, Ihn gleichermaßen getroffen hat. ,, Wenn ihr es einem der geringsten dieser Meiner Brüder getan habt, habt ihr es Mir getan" (Matthäus 25, 40).

Das Neue Testament zeigt uns, daß Jesus zwei Gruppen von Brüdern hat; die, welche Seine Brüder sind nach dem Geist, und jene, die Seine Brüder sind nach dem Fleisch. Jesus erklärte der Volksmenge einmal, dabei deutete Er auf Seine Jünger, die um Ihn herum saßen: ,,Siehe, Meine Mutter und Meine Brüder. Wer den Willen Gottes tut, der ist Mir Bruder und Schwester und Mutter" (Markus 3, 31—35). Damit machte Er klar, daß Er zuerst Seinen Brüdern nach dem Geiste verbunden war, also allen wiedergeborenen Christen, die Jesus als ihren Herrn angenommen haben und Ihm als rechte Jünger nachfolgen.

Doch dies bedeutet nicht, daß Er nicht auch noch mit dem Volke Israel verbunden ist, als mit denen, die dem Fleisch nach Seine Brüder sind. Wir haben schon gesehen, daß Jesus in Ewigkeit ,,der Löwe aus dem Stamme Juda und der Wurzelsproß Davids" bleibt (Offen-

119

barung 5, 5). Wir können also durchaus zu Recht von diesen zwei Gruppen der Brüder Jesu reden.

An diesem Punkt angekommen müssen wir uns fragen, wer nun die sind, die Jesus als Böcke bezeichnet, weil sie Seine Brüder verachten und verfolgen und ihnen keine Barmherzigkeit erweisen? Da fallen uns, ohne daß wir uns allzusehr umsehen müssen, zwei große Machtblöcke ins Auge.

Als erstes müssen wir erkennen, daß der größte Streitpunkt der heutigen Weltpolitik seit mehreren Jahrzehnten immer wieder der Staat Israel ist. Und die Opposition gegen Israel wird von dem Block der Moslem-Nationen angeführt, die sich nicht nur weigern, die Existenz des Staates Israel anzuerkennen, sondern deren Ziel sogar ist, Israel wieder zu zerstören. Der Einfluß dieser Nationen in der heutigen Welt ist viel größer, als er normalerweise wäre, weil sie einen großen Teil der Erdölreserven unserer Welt kontrollieren. Und vom Erdöl sind alle Nationen, vor allem aber die Industrienationen, abhängig.

Der Block der kommunistischen Staaten, die von der Sowjetunion angeführt werden, steht ebenfalls in Opposition zu Israel. Diese Feinde Israels üben manchmal auf schwächere Völker einen solchen Druck aus, daß es für solche Nationen immer schwieriger wird, Israel noch Freundschaft zu zeigen, es zu unterstützen oder wenigstens neutral gegenüber den Juden zu bleiben. Jene Nationen, die trotz der Feindschaft der Moslem-Völker und des Sowjetblocks Israel immer noch unterstützen, sei es wirtschaftlich, politisch oder militärisch, müssen dies immer mehr aus ihrer moralischen oder religiösen Überzeugung heraus tun, und weniger auf der Basis des politischen Eigeninteresses. Diese Tatsache wird sicherlich ein wichtiger Gesichtspunkt sein, wenn Jesus darüber urteilen wird, welche Nationen einen Platz in dem Königreich einnehmen können, das Er auf dieser Erde aufrichten wird.

Zum zweiten müssen wir sehen, daß der Islam und der Kommunismus, also die beiden stärksten politischen Kräfte, die gegen Israel stehen, auch die beiden stärksten geistlichen Kräfte sind, die in unserer heutigen Welt das Christentum bekämpfen. Der Islam als eine Religion und der Kommunismus als eine Ersatzreligion streben beide auch nach der geistigen Weltherrschaft, nicht nur nach der äußeren. Wenn eine dieser beiden Kräfte in diesem Streben nach der Weltherrschaft erfolgreich wäre, es wäre dabei ganz gleich, welche von beiden, so würde dies sicherlich das Ende des Christentums bedeuten.

Den meisten Christen ist einigermaßen die antichristliche Natur des atheistischen Kommunismus bekannt. Doch viele haben kaum eine Ahnung der wahren Einstellung des Islams dem Christentum gegenüber. Doch die Ziele des Islams und auch der Geist des Islams stehen in noch härterem Gegensatz zum Christentum als die des atheistischen Kommunismus. Es gibt vom Kommunismus beherrschte Staaten, in denen trotzdem noch christliche Kirchen gedeihen und sogar wachsen können. Doch in Staaten, die ganz eindeutig vom Islam beherrscht werden, kann eine christliche Kirche nicht gedeihen, sie hat schon alle Mühe, dort nur spärlich zu existieren.

Doch inmitten dieser Anfeindungen, denen Christen und Juden ausgesetzt sind, sorgt Gott dafür, daß sich die Erfüllung Seines prophetischen Wortes in der menschlichen Geschichte immer mehr entfalten kann. Und auch der Islam und der Kommunismus, die beide gegen Gottes Wort kämpfen, sind, ohne es zu wissen, von Gott benutzte Instrumente zur Erfüllung Seines Wortes. Durch den Druck, den sie auf das geistliche und auf das irdische Volk Gottes ausüben, sind sie wie die zwei Arme einer Zange, die dazu beitragen, daß Christen und Juden näher zusammenrücken. Sie helfen also mit, die jahrhundertealte Trennung zwischen den Brüdern Jesu — denen nach dem Fleisch und denen nach dem Geist — zu beenden.

Da sich Christen und Juden gemeinsam diesen beiden mächtigen Gegnern gegenübersehen, sind sie beide gezwungen, ihre Stellung zueinander neu zu überdenken. Statt sich mit den Fragen zu beschäftigen, die sie so lange auseinander gehalten haben, beginnen sie neuen Nachdruck auf die vielen Tatsachen in ihrer geistlichen Erbschaft zu legen, die sie gemeinsam haben. Auf der einen Seite hat die weltweite geistliche Erneuerung, die fast die meisten christlichen Kirchen mehr oder weniger erfaßt hat, viele Christen aus den verschiedensten Denominationen dazu geführt, sich wieder sehr intensiv mit der Bibel zu befassen. Dadurch haben sie entdeckt, und zwar oft zu ihrer eigenen Überraschung, daß die Juden und die Verheißung für das Volk Israel im Alten wie im Neuen Testament einen wichtigen Platz einnehmen. Der Staat Israel auf der anderen Seite muß erleben, daß viele seiner früheren politischen Freunde sich von ihm zurückziehen und beginnt zu entdecken — und zwar mit nicht weniger Überraschung —, daß die treuesten und einflußreichsten Freunde, die er heute hat, weltweit unter den bibeltreuen Christen zu finden sind.

Auf diese Weise zeichnen sich immer mehr die gegensätzlichen Fronten für die letzte große Auseinandersetzung ab, die noch kommen wird, ehe das sichtbare Reich Gottes auf Erden aufgerichtet werden kann. Die von Gott bestimmten Vertreter dieses göttlichen Königreichs auf Erden, Christen und Juden, entdecken immer mehr, daß sie Seite an Seite stehen. Zur gleichen Zeit schließen sich auch all jene Kräfte, die dem Reich Gottes feindlich gegenüberstehen, immer mehr zu einer gemeinsamen Front zusammen. Die große Auseinandersetzung schließt zwei Reiche ein — das natürliche und das geistliche. Im geistlichen Reich sind es hauptsächlich die Christen, die dort den Kampf zu führen haben. Im 8. Kapitel dieses Buches habe ich die geistliche Verantwortung der Christen unter den vier Hauptpunkten lobpreisen, beten, verkündigen und trösten zusammengefaßt. Auf dem natürlichen Gebiet wird sich die Hauptauseinandersetzung hauptsächlich auf das Land und Volk Israel konzentrieren.

DIE BÜHNE IST AUFGEBAUT

Der letzte Akt der großen Auseinandersetzung auf dem Gebiet des irdischen Reiches und auf der Bühne der menschlichen Geschichte wird in den drei letzten Kapiteln des Propheten Sacharja beschrieben. Dort stellt sich Gott zunächst in Seiner Allmacht und Allwissenheit vor:

„Ausspruch des Wortes des Herrn über Israel: Es spricht der Herr, der den Himmel ausspannt und die Erde gründet, und des Menschen Geist in seinem Inneren bildet" (Sacharja 12, 1).

Die Bibel zeigt uns hier zwei Gründe, warum Gott in der Lage ist, den Kurs der menschlichen Geschichte zu kontrollieren. Erstens ist Er der Schöpfer und Erhalter von Himmel und Erde und kontrolliert nach wie vor Seine ganze Schöpfung. Zweitens hat Er den Menschen und somit auch den Geist des Menschen geschaffen. Er kennt deshalb die Gedanken und Absichten aller Menschen. Kein einzelner Mensch und kein Volk kann einen geheimen Plan ersinnen, der vor Gott verborgen bleiben könnte.

Im Hebräerbrief wird uns Gottes Wort als Werkzeug der Allwissenheit Gottes gezeigt:

„Denn das Wort Gottes ist lebendig und wirksam und schärfer als jedes zweischneidige Schwert und durchdringend bis zur Scheidung von Seele und Geist, sowohl der Gelenke als auch des Markes, und ein Richter der Gedanken und Gesinnungen des Herzens; und kein Geschöpf ist vor Ihm unsichtbar, sondern alles bloß und aufge-

deckt vor den Augen dessen, mit dem wir es zu tun haben" (Hebräer 4, 12.13).

Der Schreiber zeigt uns hier Gottes Wort als geistliches Röntgengerät, welches das innerste Wesen des Menschen durchleuchtet. Es ist nur logisch, daß dieses Wort, das die innersten Gedanken und Wesenszüge eines Menschen durchleuchtet und entdeckt, auch erkennen kann, wie dieser Mensch sich in einer bestimmten Situation benehmen wird.

In Sacharja 12, 2 fährt der Prophet fort, die Geschehnisse, die zu der letzten großen Auseinandersetzung führen, zu beschreiben: *„Siehe, Ich mache Jerusalem zu einer Taumelschale für alle Völker ringsum; und auch über Juda wird es kommen bei der Belagerung von Jerusalem."*

Der zentrale Punkt, um den dieser Konflikt gehen wird, ist Jerusalem. Dies ist auch in der gegenwärtigen Weltpolitik schon zu sehen. Als die „Vereinten Nationen" im Jahre 1947 die Teilung Palästinas beschlossen, schlugen sie vor, Jerusalem solle zu einer internationalen Stadt erklärt werden. In den Kämpfen, die sich an die Unabhängigkeitserklärung des Staates Israel anschlossen, errangen die Juden die Kontrolle über den Westteil Jerusalems — also über den größten Teil der neuen Stadtteile —, während Jordanien den Ostteil der Stadt, einschließlich der Altstadt und der Tempelzone, annektierte.

Im Sechs-Tage-Krieg, im Jahre 1967, eroberte Israel dann die gesamte Stadt und erklärte Jerusalem anschließend zur „ewigen Hauptstadt Israels". Jeder, der die innere Haltung und die Überzeugungen der Juden ein wenig näher kennt, weiß eines ganz sicher: *Israel wird die Kontrolle über das ganze Jerusalem niemals freiwillig wieder herausgeben.*

Sacharja beschreibt dann die Reaktion „aller Völker ringsum". Dies können natürlich nur die islamischen Staaten des Nahen und Mittleren Ostens sein. Für sie bedeutet ein Jerusalem, das unter jüdischer Kontrolle ist, wirklich eine „Taumelschale". Es ist das Bild eines schalenartigen Gefäßes, aus dem getrunken wurde. In diesem Falle hier, wo es sich um eine „Taumelschale" handelt, muß in dem Getränk etwas gewesen sein, das den Trinkenden dazu brachte, die Kontrolle über seinen gesunden Verstand zu verlieren. Diese Leute handeln nicht mehr vernünftig, sondern benehmen sich wie Betrunkene oder solche, die sich im Drogenrausch befinden.

Dieser „berauschende" Inhalt ist heute schon unter den Mohammedanern wirksam. Oftmals kann man ihre feindselige Haltung und ihre haßerfüllten Erklärungen gegenüber Israel, die manchmal ohne Logik und Vernunft zu sein scheinen, fast nur noch als eine Art „dämonischer Fantasien" bezeichnen. Diese Haßausbrüche haben bei manchen islamischen Führern und Völkern schon dazu geführt, zu einem gemeinsamen „Dschihad" (heiligen Krieg) aller Mohammedaner gegen Israel zu rufen, um den Juden Jerusalem wieder zu entreißen. Bis heute haben allerdings die endlosen Streitigkeiten unter den islamischen Völkern verhindert, daß sie sich zu einer solchen gemeinsamen Anstrengung zusammenfinden konnten.

Doch in Sacharjas Prophezeiung wird vorausgesehen, daß es zu diesem Konflikt um Jerusalem noch kommen wird. Der Prophet erklärt, daß „Jerusalem und Juda belagert werden".

DER KONFLIKT WEITET SICH AUS

Der Prophet fährt nun fort zu beschreiben, daß es zu einer dramatischen Ausweitung dieses Konflikts um Jerusalem kommen wird:
„Und es wird geschehen an jenem Tag, da werde Ich Jerusalem zu einem Laststein machen für alle Völker. Alle, die ihn aufladen wollen, werden sich gewißlich daran verwunden. Und alle Nationen der Erde werden sich wider dasselbe versammeln" (Sacharja 12, 3).

In Vers 2 sprach der Prophet noch von „allen Völkern ringsum", also von den arabischen Nationen des Nahen und Mittleren Ostens, ihnen sollte Jerusalem zu einer „Taumelschale" werden. Hier nun, in Vers 3, erweitert sich das Bild, und Sacharja schließt „alle Nationen der Erde" ein. Für sie alle wird Jerusalem zu einem „Laststein" werden, und alle, die versuchen, sich ihn aufzuladen, werden sich daran verwunden.

In den vorhergehenden Kapiteln habe ich schon berichtet, daß ich in den Jahren 1947/48 selbst Augenzeuge davon war, wie die britische Mandatsregierung von Palästina versucht hat, mit diesem „Laststein" fertig zu werden und ihn so zu bewegen, wie es ihrer Meinung nach richtig gewesen wäre. Doch am Ende nahm Großbritannien nur Schaden daran und legte diesen „Laststein" den Vereinten Nationen vor die Füße, damit diese eine Lösung für das Problem fänden. Doch auch für die UNO ist Jerusalem bis heute nur ein „Laststein" geblieben. Und jede andere Nation außer Israel, die versuchen wird, diesen Stein Jerusalem irgendwie nach ihren Gedanken zu bewegen, wird daran nur Schaden nehmen. Jerusalem ist die „Stadt des großen Königs" (Matthäus 5, 35), und nur dieser große König Jesus Christus kann das Problem dieser Stadt lösen und ihr echten und bleibenden Frieden bringen.

Im Lichte der gegenwärtigen Weltereignisse scheint es mir nicht schwierig zu sein, zu sehen, wie es zu dem kritischen Höhepunkt kommen könnte, bei dem sich „alle Nationen der Erde wider Jerusalem versammeln". Es brauchte, wie die Lage heute ist, dazu eigentlich nicht mehr als drei Schritte:

1. Schritt: Die islamischen Nationen in der UNO bringen gemeinsam mit ihren Verbündeten einen Antrag ein, Jerusalem zu einer neutralen Stadt zu erklären, zu internationalisieren und unter die Verwaltung der Vereinten Nationen zu stellen. Ich halte es durchaus für möglich, daß die Führer der Römisch-Katholischen Kirche, der Orthodoxen Kirche und vielleicht auch der Anglikanischen Kirche einen solchen Vorschlag unterstützen würden.

2. Schritt: Die Vollversammlung der UNO stimmt diesem Vorschlag zu und beschließt, nötigenfalls auch Militärgewalt einzusetzen, wenn es nötig werden sollte, diesem Beschluß Geltung zu verschaffen. Israel allerdings stimmt dem Beschluß nicht zu und ist nicht bereit, Jerusalem an die Verwaltung der UNO zu übergeben.

3. Schritt: Die UNO stellt eine internationale Streitmacht zusammen, die von den benachbarten arabischen Ländern aus gegen Israel vorrückt und Jerusalem belagert, um es zu erobern. Auf diese Weise wären „alle Nationen der Erde" — repräsentiert durch diese internationale Armee — „vor Jerusalem versammelt".

So wie die gegenwärtige weltpolitische Lage ist, könnte der erste, von mir beschriebene Schritt bei Eintreten einer bestimmten Krisensituation innerhalb weniger Tage oder Wochen vollzogen werden. Es würde daraufhin unter Umständen wieder nur Wochen oder einige Monate dauern, um die anderen beiden Schritte zu gehen. Ich will hier natürlich nicht behaupten, daß sich die Dinge genau so entwickeln werden, wie ich sie beschrieben habe, es könnte selbstverständlich auch auf verschiedene andere Weise geschehen. Worum es mir hierbei nur geht, ist, zu zeigen, daß wir an der Schwelle jener Ereignisse stehen, die Sacharja vor rund 2500 Jahren beschrieben hat und daß die internationale politische Lage diese Geschehnisse zu jeder Zeit möglich macht, ohne daß vorher noch groß Änderungen auf der Erde eintreten müßten.

Das Bild, welches uns die Bibel vom Ende unseres Zeitalters gibt, gleicht einem Puzzle-Spiel, denn wir finden in vielen prophetischen Büchern der Bibel eine ganze Reihe von Abschnitten, die uns darüber einiges sagen. Im Propheten Sacharja, aus dem hauptsächlich die Verse dieses Kapitels hier stammen, wird uns viel vom Ablauf der Endzeit berichtet. Um aber ein vollständigeres Bild zu bekommen, ist es nötig, die Abschnitte aus den anderen Propheten dazu zu nehmen, was wir zum Teil schon in vorhergehenden Kapiteln getan haben. Ich bezweifle allerdings, daß es irgend einem Menschen möglich sein wird, im voraus das gesamte prophetische Bild der Bibel vollständig und richtig zusammenzusetzen. In manchen Fällen werden wir die volle Bedeutung der biblischen Prophetie erst verstehen, wenn die damit beschriebenen Ereignisse wirklich eintreten. Dann können wir wie Petrus am ersten Pfingsttag sagen: ,,Dies ist es, was durch den Propheten... gesagt ist'' (Apostelgeschichte 2, 16).

Doch jetzt schon erfüllen diese Prophezeiungen Sacharjas und auch die Prophezeiungen aus vielen anderen Büchern der Bibel drei wichtige Aufgaben: Erstens zeigen sie uns sehr deutlich, in welche Richtung sich die gegenwärtigen Ereignisse auf dieser Welt bewegen. Zweitens geben sie uns die Möglichkeit, daß wir uns, wenn die Fronten zur letzten großen Auseinandersetzung auf dieser Erde aufgebaut werden, was in unserer Zeit geschieht, auf die richtige Seite stellen, nämlich auf die Gottes. Und drittens zeigen sie uns deutlich, daß das Ende unseres Zeitalters sehr nahe gekommen ist.

Für den letzten dramatischen Höhepunkt der Prophezeiungen Sacharjas über Israel und Jerusalem müssen wir nun Kapitel 14 aufschlagen:

,,Und Ich werde alle Nationen nach Jerusalem zum Kriege versammeln; und die Stadt wird eingenommen und die Häuser werden geplündert und die Weiber geschändet werden; und die Hälfte der Stadt wird in die Gefangenschaft ausziehen, aber das übrige Volk wird nicht aus der Stadt ausgerottet werden.

Und der Herr wird ausziehen und wider jene Nationen streiten, wie an dem Tage, da Er streitet, an dem Tage der Schlacht. Und Seine Füße werden an jenem Tage auf dem Ölberg stehen, der vor Jerusalem liegt; und der Ölberg wird sich in der Mitte spalten nach Osten* *und nach Westen hin, zu einem sehr großen Tal, und die Hälfte des Berges wird nach Norden und die andere Hälfte nach Süden weichen. Und ihr werdet in das Tal Meiner Berge fliehen, und das Tal der Berge wird bis Azel reichen; und ihr werdet fliehen, wie ihr vor dem Erdbeben geflohen seid in den Tagen Ussijas, des Königs von Juda. Und kommen wird der Herr, mein Gott, und alle Heiligen mit Ihm"* (Sacharja 14, 2—5).

Alle Wahrscheinlichkeiten sprechen dafür, daß dieser Abschnitt die große endzeitliche Versammlung aller Nationen gegen Jerusalem beschreibt, von der schon in Sacharja 12, 3 geredet wurde. Es scheint auch hier klar zu sein, daß es sich um die gleichen Ereignisse handelt, auf die schon der Prophet Jeremia hinweist:

„Wehe! denn groß ist jener Tag, ohnegleichen, und es ist eine Zeit der Drangsal für Jakob; doch wird er aus ihr gerettet werden" (Jeremia 30, 7).

Es ist nicht meine Absicht, hier alle so lebendig beschriebenen Einzelheiten dieser prophetischen Bilder zu untersuchen. Hier soll es genügen zu sagen, daß auf dem Höhepunkt dieser Ereignisse der Herr selbst mit Seiner dann schon vorher zu Ihm entrückten Gemeinde — „alle Heiligen mit Ihm"— zur Erde kommen wird, persönlich in die Auseinandersetzungen eingreift und sie zu dem von den Propheten vorausgesagten Ende bringen wird. Die Erwartung dieses glorreichen Höhepunktes finden wir auch unter dem Volke Gottes im Neuen Testament wieder. An diesen Tag dachte wohl auch der Apostel Paulus, wenn er schreibt:

„So gewiß es bei Gott gerecht ist zu vergelten, denen, die euch bedrängen durch Drangsal, und euch, den Bedrängten, durch Ruhe, zusammen mit uns bei der Offenbarung des Herrn Jesus vom Himmel her mit den Engeln Seiner Macht, in flammendem Feuer. Dabei übt Er Vergeltung an denen, die Gott nicht kennen . . .

Wenn Er kommt, um an jenem Tage in Seinen Heiligen verherrlicht und in allen denen bewundert zu werden, die geglaubt haben" (2. Thessalonicher 1, 6—8.10).

In Offenbarung 22, 13 erklärt Jesus, Er sei das „Alpha und das Omega", der „Anfang und das Ende" aller menschlichen Geschichte. Als das „Alpha" hat Er die Menschheitsgeschichte in Gang gesetzt. Danach, in der gesamten Zwischenzeit, haben Menschen — solche, die von Gott beauftragt waren, und auch solche, die von Gott nichts wußten oder nichts wissen wollten und sich von Ihm abwandten — und natürlich auch der Satan ihre Rolle in der menschlichen

Geschichte gespielt; trotz allem ist dabei nichts geschehen, was nicht ausdrücklich unter der Zulassung Gottes stand. Doch nun, da das Ende kommt, erscheint Jesus selbst wieder auf dem Plan und bringt die Menschheits- und Weltgeschichte als das große „Omega" zu ihrem göttlich bestimmten Ziel.

In diesem großen göttlichen Ziel finden all die verschiedenen Fäden der Menschheitsgeschichte wieder zusammen. Das bisher noch Unsichtbare wird sichtbar; das Geistliche und das Natürliche werden zu einer Einheit; alles, was bisher noch göttliche Prophetie war, wird zur Geschichte, weil es sich erfüllt hat. Das geschriebene Wort Gottes wird sichtbar in dem persönlichen und einmal fleischgewordenen Wort Gottes — dem Herrn Jesus Christus, der selbst mit Seinen Heiligen — Seiner Gemeinde — offenbar wird. Und in diesem Zusammenfinden der verschiedenen Fäden wird der endgültige und vollkommene Wille Gottes im Blick auf die Menschheit und vor allem auf Sein erwähltes Volk Israel ebenfalls sichtbar und erfüllt.

Nun ist der Augenblick der Aufrichtung des Königreichs Gottes auf Erden gekommen. Und in dieser großen Schlußszene des göttlichen Planes erscheinen die Beteiligten gemeinsam auf der dazu von Gott vorausbestimmten Bühne. Und diese Bühne ist, wie schon so oft vorher in der Weltgeschichte, Jerusalem und die es umgebenden Berge. Himmlische Heerscharen von Engeln, die verherrlichten Heiligen der Gemeinde Jesu Christi und der von Gott bewahrte Überrest Israels nehmen ihre Plätze ein. Doch die zentrale Figur, der leuchtende Mittelpunkt, der alle anderen in Seiner Herrlichkeit überstrahlt und sie alle gemeinsam zu sich zieht, ist der Herr und Erlöser Jesus Christus, das strahlende Haupt Seiner Gemeinde, der Messias Israels, der Sein Volk Israel aus Seiner größten Not errettet hat und der nun als König Sein irdisches Reich, das Reich des Friedens, auf Erden aufrichten wird.

So wird der Himmel das Bekenntnis bestätigen, das jeder treue und rechtgläubige Jude durch die Jahrhunderte der Verfolgung und Zerstreuung hindurch, und sogar auf dem Weg zum Scheiterhaufen oder in die Gaskammer, festgehalten hat:

Ich glaube mit vollster Überzeugung
an das Kommen des Messias;
und selbst wenn Er noch verzieht,
dann werde ich Tag für Tag
auf Ihn warten.

Und auf diese Weise wird der Himmel auch das Gebet des greisen Apostels Johannes, das er auf der Insel Patmos betete, und das seither von jedem wahren und treuen Christen immer wieder gebetet wird und mit dem das Neue Testament und damit die ganze Bibel schließt, beantworten:

Amen!
Komm, Herr Jesus!

ANHANG

Chronologischer Überblick der Ereignisse im Staat Israel von 1947—1982

1947 **29. November** — Die UNO beschließt, Palästina in zwei unabhängige Staaten zu teilen, einen jüdischen und einen arabischen. Die Araber erklären, daß sie sich mit dem jüdischen Staat nicht abfinden werden, sondern ganz Palästina mit Waffengewalt erobern wollen.

1948 **14. Mai** — Beendigung der britischen Mandatsregierung. Der Staat Israel proklamiert seine Unabhängigkeit. Eine provisorische Regierung wird ernannt.
15. Mai — Die Israel umgebenden arabischen Nationen — Ägypten, Transjordanien, Syrien, Libanon, Irak — greifen Israel an.

1949 **7. Januar** — Der Unabhängigkeitskrieg wird durch einen Waffenstillstand mit den Arabern siegreich beendet. Das endgültige Waffenstillstandsabkommen wird im Juli 1949 unterzeichnet. Trotzdem schließt die Arabische Liga ihre Grenzen Israel gegenüber und erklärt sich „in fortwährendem Kriegszustand" mit Israel.
25. Januar — Die ersten regulären Wahlen werden in Israel abgehalten.
17. Februar — Die erste Knesset (Parlament) versammelt sich in Jerusalem. Chaim Weizmann wird zum ersten Präsidenten gewählt. Er beruft David Ben-Gurion zum ersten Ministerpräsidenten, der seine Regierung zusammenstellt. Die provisorische Regierung tritt zurück.
11. Mai — Israel wird in die Vereinten Nationen aufgenommen.

1948	Periode der Masseneinwanderung. Wichtigste Punkte:
—	1. Die Knesset beschließt das Rückkehrergesetz: Jeder Jude
1951	hat das Recht, als Einwanderer nach Israel zu kommen.

2. Mit 684 000 neuen Einwanderern wird die Einwohnerzahl mehr als verdoppelt. Aus Europa kommen die Überlebenden der Nazi-Verfolgung; Flüchtlinge kommen aus den Moslem-Staaten Nordafrikas und des Nahen Ostens; durch Luftbrücken kehren komplette jüdische Gemeinschaften zurück — aus dem Jemen 43 000 — aus Irak 113 000.

3. Menschen ganz verschiedener Kulturen kommen. Europäische Askenasi, orientalische Sephardim; Gewohnheiten, Tradition, Bildungsniveau und Kultur sind völlig unterschiedlich.

4. Die unmittelbar entstehenden Probleme: Wohnungen, Nahrung und Arbeit für die Einwanderer.

5. Israel stellt in diesen drei Jahren 78 000 neue Wohnungen her und errichtet 345 neue Siedlungen (zum Vergleich: in den vorhergehenden 70 Jahren waren es 293 Siedlungen).

6. Die Juden in den westlichen Ländern tragen durch große Geldspenden und Leihgelder zum Aufbau des Staates Israel bei. Doch aus diesen Ländern kommen während der Zeit nur wenige Einwanderer.

1951 Der Zionistische Weltkongreß versammelt sich zum ersten Mal in Jerusalem.

1952 Die Bundesrepublik Deutschland schließt mit Israel das Wiedergutmachungsabkommen ab. Die Bundesrepublik will an Israel 715 Millionen US-Dollar für materielle Schäden der Juden, die durch das Nazi-Regime verursacht wurden, bezahlen, und 100 Millionen Dollar als Wiedergutmachung für Schäden an jüdischen Menschen.

1952	Fortwährende Feindseligkeiten der Araber.
—	1. Laufend Attentate durch arabische Terroristen. Mehr als
1956	400 Israelis werden getötet, mehr als 900 verwundet.

2. In diesen Jahren gibt es mehr als 3000 Zusammenstöße zwischen bewaffneten Arabern und israelischen Soldaten.

3. Ägyptische Terroristen dringen wiederholt tief in israelisches Gebiet ein.

4. Israelische Vergeltungsmaßnahmen werden von der UNO mißbilligt.
5. Ägypten schließt 1949 den Suez-Kanal für israelische Schiffe. Später verbietet es auch den Schiffen aller anderen Nationen, israelische Waren durch den Suez-Kanal zu transportieren und mißachtet die Beschlüsse der UNO dieserhalb.
6. Ab 1951 beginnt Ägypten die israelische Schiffahrt vom Hafen Eilat (im Süden) aus zu stören, vor allem die Tankschiffe mit Öl.
7. 1955 schließen Ägypten und Syrien ein Militärbündnis, dem einige Zeit später auch Jordanien beitritt.

1956 **Oktober** — Mit Unterstützung durch Großbritannien und Frankreich (diese beiden Staaten machten sich Sorge um die freie Schiffsdurchfahrt durch den Suez-Kanal) greift Israel Ägypten militärisch an. Der ,,Sinai-Krieg". Waffenstillstand am 5. November.

1957 **März** — Israel zieht sich aus dem Sinai zurück. Die UNO verhindert weitere ägyptische Infiltrationen nach Israel bis 1967.

1958 Ende des ersten Jahrzehnts des neuen Staates. Große Fortschritte wurden auf folgenden Gebieten gemacht:
1. Die riesige Zahl der Einwanderer wurde aufgenommen. Alle lernten Hebräisch und fanden Arbeit.
2. Der Lebensstandard der orientalischen Juden (Sephardim), die sehr arm waren, stieg steil an.
3. Israel kann sich nun selbst ernähren. Die bewässerten und wieder anbaufähig gemachten Flächen haben um 400 Prozent zugenommen. Ein großes Aufforstungsprogramm wird durchgeführt.
4. Die Zahl der jüdischen Einwohner erreicht 1,8 Millionen, bei einer Arbeitslosigkeit von 1,4 Prozent.
5. 150 000 neue Wohnungen werden fertiggestellt.
6. Nahezu 100 Prozent der zweiten Generation besucht die Schule. Die Schülerzahl ist von 130 000 auf 550 000 angestiegen. Auf den vier Universitäten studieren 10 000 Studenten, verglichen zu 1500 im Jahre 1948.

7. Immer mehr Gewicht wird auf jüdische Kultur und das geistige Erbe der Nation gelegt; z. B. wird eine Welt-Bibel-Konferenz in Jerusalem abgehalten und von der Regierung unterstützt.

8. Arabische und drusische Bevölkerungsteile nehmen an dem Fortschritt teil, ihre landwirtschaftliche Produktion nimmt um 600 Prozent zu, ihre Kinder bekommen kostenlosen Schulunterricht, sie werden an der nationalen Rentenversicherung, sowie am Wohlfahrtssystem und der Gesundheitsfürsorge beteiligt; Straßen, Wasserleitungen, Versorgung mit Elektrizität, sanitäre Einrichtungen und Bewässerungsanlagen werden für sie errichtet; sie erhalten Sitze in der Knesset.

1958 Beziehungen zu unterentwickelten Staaten:
— 1. Israel beginnt den unterentwickelten Staaten Afrikas und
1959 Südamerikas technische und wissenschaftliche Hilfe zu geben, vor allem auf dem Gebiet der Landwirtschaft und der Schulausbildung.

2. Als Reaktion verlegen viele afrikanische und südamerikanische Staaten ihre Botschaften von Tel Aviv nach Jerusalem und unterstützen Israel in der UNO.

1965 Weiterer Fortschritt auf folgenden Gebieten:
— 1. Export von landwirtschaftlichen Produkten steigt auf 86
1966 Millionen US-Dollar; vor allem sind es Zitrus-Früchte.

2. Eine große Wasserleitung wird fertiggestellt, die Wasser aus der oberen Hälfte des Jordans in die Negev-Wüste im Süden leitet.

3. Die wachsende Industrie beginnt mit der Herstellung vieler Erzeugnisse (Radios, Kühlschränke usw.) für die Bevölkerung.

Auf der anderen Seite läßt die Einwanderung nach (1965 noch 30 000; 1966 nur noch 16 000), dadurch geht die Bauindustrie zurück.

1967 Vorspiel zum Sechs-Tage-Krieg:
1. Die Al-Fatah, eine palästinensische Terrororganisation, schickt immer mehr ausgebildete Terroristen zu Sabotagezwecken nach Israel.

2. Syrische Artillerie beschießt israelische Siedlungen in Galiläa.
3. Am 14. Mai läßt Nasser starke ägyptische Armee-Einheiten in das Sinaigebiet einrücken.
4. Am 16. Mai vertreibt Nasser die UNO-Beobachtertruppe aus dem Sinai.
5. Am 24. Mai blockiert Nasser die Meerenge von Tiran, die der Eingang für die israelischen Schiffe zum Hafen Eilat ist, für alle Schiffe Israels.
6. Am 26. Mai gibt Nasser bekannt, Ägypten sei auf einen Krieg mit Israel vorbereitet.
7. Am 30. Mai stellt König Hussein die jordanische Armee unter Nassers Befehl.
8. Am 4. Juni folgt der Irak dem Beispiel König Husseins.

1967 Der Sechs-Tage-Krieg:

4. Juni — Israel mobilisiert seine Armee. Ältere Männer, Frauen und Kinder halten die lebenswichtigen Versorgungen im Land aufrecht, bringen die Ernte ein und halten die Exportindustrie in Gang.

5. Juni — Israel bombardiert Flughäfen in Ägypten, Syrien, Jordanien und dem Irak. Innerhalb von drei Stunden werden 452 Flugzeuge zerstört.

1. Israelische Armee-Einheiten rücken von vier Punkten aus gegen die ägyptischen Truppen auf dem Sinai vor.

2. Israel sendet eine Note an König Hussein, daß es Jordanien nicht angreifen wird, wenn seine Truppen Frieden halten. Doch die jordanischen Truppen eröffnen das Feuer an der gesamten Grenze und besetzen das UNO-Hauptquartier in Jerusalem.

6. Juni — Israel erobert im Gegenangriff auf die jordanischen Truppen das gesamte Jerusalem außer der Altstadt.

7. Juni — Israel erobert die Altstadt Jerusalems. Zum ersten Mal seit 70 nach Christus ist sie damit wieder im Besitz der Juden.

9. Juni — Israel vertreibt die Syrer von den stark befestigten Golan-Höhen.

10. Juni — Alle kriegführenden Staaten stimmen dem Waffenstillstand zu. In vielerlei Weise hat es im Sechs-Tage-Krieg ähnlich wunderbare Ereignisse gegeben wie im Unabhängigkeitskrieg.

1967 Die Juden in den anderen Ländern begreifen in dieser Zeit in
— besonderer Weise, wie wichtig der Staat Israel für das gesamte
1968 Weltjudentum ist. Viele Einwanderer kommen aus den westlichen Ländern, vor allem junge Leute. Juden aus den anderen Ländern spenden dem Staat Israel in diesen beiden Jahren
rund 400 Millionen US-Dollar.

1968 **Zermürbungskrieg**
— 1. Ägypten provoziert an der Sinaigrenze ständig Zwischen-
1973 fälle.
2. Immer mehr zunehmende Unterstützung Ägyptens durch
die Sowjetunion. Sowjetische Piloten fliegen sowjetische
Maschinen, Boden-Luft-Raketenbatterien werden von
sowjetischen Soldaten bedient.
3. Auch Syrien erhält sowjetische Unterstützung. Regelmäßig
werden Israels nördliche Grenzgebiete von Syrien aus mit
russischen Katjuscha-Raketen beschossen.
4. Die Aktivitäten der palästinensischen Terroristen, die vom
Libanon her in Israel eindringen, nehmen ständig zu.
5. Außerhalb Israels nimmt der arabische Terrorismus ebenfalls zu. Flugzeuge werden entführt; bei der Olympiade in
München im Jahre 1971 werden israelische Sportler von
arabischen Terroristen getötet und verwundet.

1973 **Vorspiel zum Jom-Kippur-Krieg**
5. Oktober
1. Ägyptische und syrische Truppenmassierungen an den
Waffenstillstandslinien.
2. Israel beginnt am Vorabend von „Jom Kippur" (dem großen Versöhnungstag) seine Reserven zu mobilisieren.
3. Ministerpräsidentin Golda Meir, der unmißverständliche
Anzeichen eines unmittelbar bevorstehenden Angriffs mit-
geteilt werden, beschließt, den Arabern nicht durch einen
eigenen Angriff zuvorzukommen, damit „eindeutig klar
wird, wer für diesen Krieg verantwortlich ist".
Jom-Kippur-Krieg
6. Oktober
1. Israels Regierung tritt am heiligsten Tag der Nation zu
einer Sitzung zusammen und bestätigt Golda Meirs Entscheidung.

2. Die Araber greifen ab 14 Uhr, während Israels Regierung noch berät, an zwei Fronten an.
   a) Im Süden bombardieren ägyptische Flugzeuge und Artillerie israelische Einrichtungen im Sinai. 70 000 Soldaten mit 1 000 Panzern überqueren den Suez-Kanal.
   b) Im Norden greifen 40 000 syrische Soldaten mit 800 Panzern die Golan-Höhen an.

7.—25. Oktober

3. Israel kann die Angreifer an beiden Fronten innerhalb von zwei Tagen aufhalten, muß aber dabei schwere Verluste hinnehmen. Sowjetische Luftabwehrraketen und Panzerabwehrwaffen zerstören viele israelische Panzer und Flugzeuge.
4. Irak tritt an der Seite Syriens in den Krieg ein.
5. Nachdem am 10. Oktober die Sowjetunion begonnen hatte, mit einer Luftbrücke Kriegsmaterial nach Ägypten und Syrien zu schaffen, beginnt die USA am 14. Oktober ebenfalls durch Luftbrücke Israel mit Munition und Ersatzteilen sowie neuen Waffen zu versorgen.
6. Israelische Truppen durchbrechen die syrische Front und stehen etwa 40 Kilometer vor Damaskus.
7. Israelische Truppen überqueren den Suez-Kanal am 16. Oktober und dringen in Ägypten ein, zerstören hinter der ägyptischen Front viele Raketen-Stellungen und andere militärische Einrichtungen und nähern sich Kairo auf 100 Kilometer.
8. Arabische Niederlage steht bevor, deshalb drängt die Sowjetunion jetzt gemeinsam mit den USA auf Feuereinstellung, die für den 23. Oktober vereinbart wird.
9. Ägypter und Syrer setzen die Kampfhandlungen fort. Die Israelis warten zwölf Stunden, ehe sie wieder zum Gegenangriff ansetzen.
10. Am 25. Oktober steht sowjetisches Militär in Alarmbereitschaft und ist bereit, in Ägypten einzugreifen. Das amerikanische Militär wird weltweit in Alarmbereitschaft versetzt.
11. Am 25. Oktober ist die Feuereinstellung endgültig. Zum ersten Mal werden bei einem Waffenstillstand zwischen Arabern und Israelis auch provisorische Abmachungen für Friedensverhandlungen getroffen.

Oktober—November 1973 — Beginn des Ölkriegs

1. Nach dem Waffenstillstand geben die arabischen Ölländer bekannt, daß sie ihre Produktion um 5 % einschränken werden, bis Israel sich von allem besetzten Land zurückziehen wird. Die USA und Holland werden vorübergehend von Öllieferungen ausgeschlossen.
2. Nachdem die Ölstaaten auch der Europäischen Wirtschaftsgemeinschaft und Japan die Öllieferungen um 25 % kürzen, veröffentlichen diese Staaten pro-arabische Erklärungen.
3. Die meisten schwarzafrikanischen Staaten brechen die diplomatischen Beziehungen zu Israel ab, weil die arabischen Ölstaaten Druck auf sie ausüben.

1974 **18. Januar** — Ägypten und Israel unterschreiben ein Abkommen, wodurch die beiderseitigen Armeen auseinanderrücken. **Mai** — Auch Syrien unterzeichnet ein solches Abkommen mit Israel. — Die israelischen Truppen ziehen sich auf den Golan-Höhen ein wenig zurück.

1975 **September** — Israel zieht sich aus einem Teil des Sinai zurück. Ägypten öffnet den Suez-Kanal wieder für israelische Schiffe. Von dieser Zeit an nehmen die Terrorüberfälle palästinensischer Guerillas, die vom Libanon aus eindringen, in Israel immer mehr zu.

1976 Syrien nimmt den Bürgerkrieg im Libanon zum Vorwand, um mit Truppen in diesem Land einzurücken. **Juli** — In einem kühnen Unternehmen befreien israelische Soldaten 100 Geißeln, die von arabischen Terroristen in Entebbe in einem Flugzeug festgehalten werden.

1977 Ministerpräsident Begin legt dem amerikanischen Präsidenten Carter einen Friedensplan für den Nahen Osten vor. **November** — Verhandlungen zwischen Ägypten und Israel. Der ägyptische Präsident Anwar Sadat besucht Jerusalem, um Friedensverhandlungen einzuleiten.

1978 **September** — Ministerpräsident Begin, Präsident Sadat und Präsident Carter treffen sich in Camp David, Maryland, und handeln einen Friedensvertrag zwischen Israel und Ägypten aus.

1979 **26. März** — Israel und Ägypten unterzeichnen einen Friedensvertrag.

1979 Die Überfälle der arabischen Terroristen, die aus dem Libanon kommen, nehmen immer mehr zu, deshalb rücken israelische Truppen im Südlibanon ein und zerstören eine Anzahl Lager der Terroristen. Außerdem helfen sie christlichen libanesischen Streitkräften unter Major Saad Haddad einen Teil des Libanon von Terroristen völlig frei zu machen. Anschließend ziehen sich die israelischen Truppen wieder zurück.

1980 — 1981 Das nördliche Israel liegt weiter unter fortwährendem Beschuß der PLO-Terroristen. Zerstörungen werden angerichtet und Menschen getötet und verletzt. Die israelische Luftwaffe antwortet 1981 mit schweren Bombenangriffen auf Lager der Terroristen sowie auf das PLO-Hauptquartier in Beirut. Im Juli 1981 wird ein neuer Waffenstillstand abgeschlossen, der aber sehr unsicher bleibt.

1982 Neue starke Angriffe der PLO-Terroristen auf Nordisrael. Ende Juni / Anfang Juli 1982 rücken israelische Truppen wieder in den Südlibanon ein und stoßen bis Beirut vor. Sie zerstören alle Terroristenlager und Waffenarsenale in Südlibanon und vertreiben die Terroristen von dort, damit es ihnen nicht mehr möglich ist, mit ihren Geschützen und Raketenwerfern den Norden Israels zu beschießen. Israel erklärt, so lange im Libanon bleiben zu wollen, bis die letzten Terroristen aus dem Lande vertrieben sind.

Aktuelle Bücher — man muß sie gelesen haben!

STREBEN NACH INNEREM FRIEDEN Dr. Henry Brandt

Der Verfasser dieses Buches ist der von Tim LaHaye so oft erwähnte christliche Psychologe Dr. Henry Brandt. Er zeigt hier, wie unser körperliches und geistiges Wohlbefinden eng mit dem Frieden der Seele zusammenhängt, und wie aus innerer Unruhe, aus Furcht, Schuldgefühlen, Groll und Zorn schädliche Einflüsse auch für unsere leibliche Gesundheit entstehen. Magengeschwüre, Herzbeschwerden, Nervenzerrüttung und anderes sind dann das Ergebnis. Doch Dr. Brandt zeigt auch den Ausweg aus diesem inneren Unfrieden. Deshalb ist dieses Buch für Gläubige und Ungläubige eine große Hilfe.

Best.-Nr. 20 142 134 Seiten (Paperback) **DM 13,80**

BEREIT SEIN FÜR GOTTES GELEGENHEITEN Larry Tomczak

Gottes Zeitpunkt recht erkennen, wenn Er gerade eine besondere Aufgabe für uns hat, und dann für Ihn bereit stehen; das ist das Thema dieses Buches. Gott will uns gebrauchen und durch uns wirken, wenn wir Ihm stets zur Verfügung stehen. Er wird uns dann „göttliche Gelegenheiten" in den Weg führen, also Zeiten, in denen der Heilige Geist besonders durch uns wirken und uns gebrauchen möchte, Sein Reich mit zu bauen, anderen zu helfen, die in Not sind, mit ihnen zu beten — ja Er möchte sogar durch uns Wunder tun. Larry Tomczak ermutigt hier zu solcher Bereitschaft und gibt feine Ratschläge, wie wir Gottes Stimme besser verstehen, Seinen Willen besser erkennen und uns vom Heiligen Geist besser gebrauchen lassen können.

Best.-Nr. 20 144 142 Seiten (Paperback) **DM 14,80**

ERGRIFFEN VON BARMHERZIGKEIT Douglas Wead

Das Leben in den Straßen Kalkuttas ist das tiefste Stück der Hölle auf Erden. Prostituierte, Waisenkinder, Bettler, Aussätzige, hilflose und verkrüppelte Kinder, Drogensüchtige — sie alle sind ein Stück von diesem elenden, schmutzigen, schrecklichen und erbarmungslosen Leben. Doch inmitten dieser Hölle lebt auch ein Engel der Barmherzigkeit. Es ist der christliche Missionar Mark Buntain, der sich dieser Elenden annimmt und ihnen hilft nach Leib, Seele und Geist. Dieses Buch schildert Einzelschicksale solcher elenden Menschen in Kalkutta, und zwar in so fesselnder Weise, daß man dieses Buch kaum mehr aus der Hand legen mag, bis man die letzte Seite gelesen hat. Außerdem zeigt es etwas davon, was heute Missionsarbeit bedeutet. Spannend von der ersten bis zur letzten Seite sollte es jeder lesen, Alte und Junge.

Best.-Nr. 20 075 168 Seiten (Paperback) **DM 12,80**

MIT DEM HEILIGEN GEIST AN'S ZIEL Georg Steinberg

Jeder Christ weiß, daß er in der heutigen so verwirrten Zeit ohne die Führung des Heiligen Geistes nicht auskommen kann. Dieses Buch zeigt uns anhand der Brautwerbung des Elieser für den Sohn seines Herrn in biblisch fundierter Weise, wie der Heilige Geist die Gemeinde Jesu führen kann und will, wenn wir uns Ihm anvertrauen. Die Notwendigkeit und Möglichkeit solcher Führung auch im Leben des einzelnen wird uns groß gemacht und auch gezeigt, wie der Heilige Geist uns ausrüsten will. Jeder Christ wird das Buch mit viel Gewinn lesen.

Best.-Nr. 20 095 110 Seiten (Taschenbuch) **DM 7,80**

Preisänderungen vorbehalten

UMGANG MIT UNSEREN GEFÜHLEN   Ralph Speas

Sind Gefühle unsere Freunde oder Feinde? Jeder möchte wahrscheinlich immer gut gelaunt sein. Da unsere Launen und Stimmungen weitgehend von unseren Gefühlen abhängen, ist die Frage nach dem Umgang mit ihnen sehr wichtig, zumal auch unsere Entscheidungen oft mehr von Gefühlen als von vernünftigen Überlegungen bestimmt werden. Das Buch zeigt, wie wir uns nicht von negativen Gefühlen bestimmen lassen müssen, sondern wie statt Depressionen und Unruhe vielmehr Liebe, Freude und Friede unsere Seele erfüllen können. Ein sehr wichtiges Buch.

Best.-Nr. 20 094   128 Seiten (Paperback)   **DM 11,80**

DIE GESCHICHTE AUS DEM BUCH

Welcher Bibelleser hat sich nicht schon gewünscht, die Berichte der Bibel so hintereinander lesen zu können, wie sie sich in der zeitlichen Reihenfolge ereignet haben, um ein noch besser zusammenhängendes Bild zu bekommen. Weil die Bibel aus verschiedenen Büchern besteht, die von unterschiedlichen Verfassern zu verschiedenen Zeiten geschrieben wurden, ist das schwierig. Doch in diesem Buch haben Gelehrte die Berichte der Bibel in zeitlicher Reihenfolge zusammengefaßt, ohne daß Kapitel dazwischen wären. So erhalten wir in guter moderner Sprache einen chronologischen Bericht der biblischen Ereignisse, der in einem Zug gelesen werden kann. Auch Anfänger im Bibellesen und Ungläubige werden hier mit Interesse lesen.

Best.-Nr. 20 135   510 Seiten (Paperback)   **DM 24,80**

ENTSCHEIDUNG AUF DEM KARMEL   William H. Stephens

Das ist die Geschichte Elias, des großen Propheten Israels, der als einzelner den Mut hatte, sich von Gott gebrauchen zu lassen, um gegen die bestimmende geistige Strömung seiner Zeit und gegen das israelitische Königshaus aufzustehen. Dabei kommt es zur gewaltigen Auseinandersetzung zwischen dem Gott Israels, dem Gott Abrahams, Isaaks und Jakobs, der durch Elia vertreten wird, und der heidnischen Baalsreligion, die von der phönizischen Königstochter Isebel, die Israels Königin ist, in Israel eingeführt wird. Diese Auseinandersetzung findet in dem dramatischen Gottesurteil auf dem Karmel seinen Höhepunkt. Ein ungeheuer packend erzähltes Buch. Sie sollten es unbedingt lesen. Auch als Geschenk gut geeignet.

Best.-Nr. 20 029   312 Seiten (Paperback)   **DM 22,80**

DER SCHLÜSSEL ZUM SIEGESLEBEN   Jack R. Taylor

Zwischen Theorie und Praxis wahren Christenlebens klafft oft eine große Lücke. Daß die Botschaft des Christentums oft unglaubwürdig scheint, hat weniger mit den Verheißungen der Bibel und der vollbrachten Erlösung durch Jesus zu tun, als vielmehr damit, daß im Leben der Christen viel zuwenig von dieser Erlösung und der Kraft des Heiligen Geistes zu sehen ist. In diesem Buch wird uns der Weg zu einem neuen Leben der Erlösung in Sieg und Freude durch Jesus gezeigt. Dazu bedarf es aber nicht nur frommer Lippenübungen und Hallelujas, sondern ganze Lebensübergabe an Jesus Christus. Sehr lesenswert.

Best.-Nr. 20 122   144 Seiten (Paperback)   **DM 13,80**

Preisänderungen vorbehalten — Zu beziehen durch:
Leuchter-Verlag eG, Industriestraße 6—8, D-64386 Erzhausen, Postfach 1161
In Österreich: Buchhandlung der Methodistenkirche, A-1082 Wien,
Trautsongasse 8, Postfach 65